U0489710

“一带一路”
能源合作

［爱尔兰］克里斯·威弗　著
龚玥　牟海源　向巩　蔡承龙　译
庞昌伟　审校

石油工业出版社

图书在版编目(CIP)数据

“一带一路”能源合作/（爱尔兰）克里斯·威弗著；龚玥等译. --北京：石油工业出版社，2024.10.
ISBN 978-7-5183-6946-1

Ⅰ.F416.2
中国国家版本馆CIP数据核字第2024C4M190号

“一带一路”能源合作
[爱尔兰]克里斯·威弗著;龚玥,牟海源,向巩,蔡承龙译

出版发行:石油工业出版社有限公司
（北京朝阳区安定门外安华里二区1号楼　100011）
网　址:www.petropub.com
编辑部:(010)64523582
图书营销中心:(010)64523633
经　　销:全国新华书店
印　　刷:北京中石油彩色印刷有限责任公司

2024年10月第1版　2024年10月第1次印刷
880×1230毫米　开本:1/32　印张:4.875
字数:91千字

定价:48.00元
(如发现印装质量问题,我社图书营销中心负责调换)

目 录

目 录

目 录

第五章

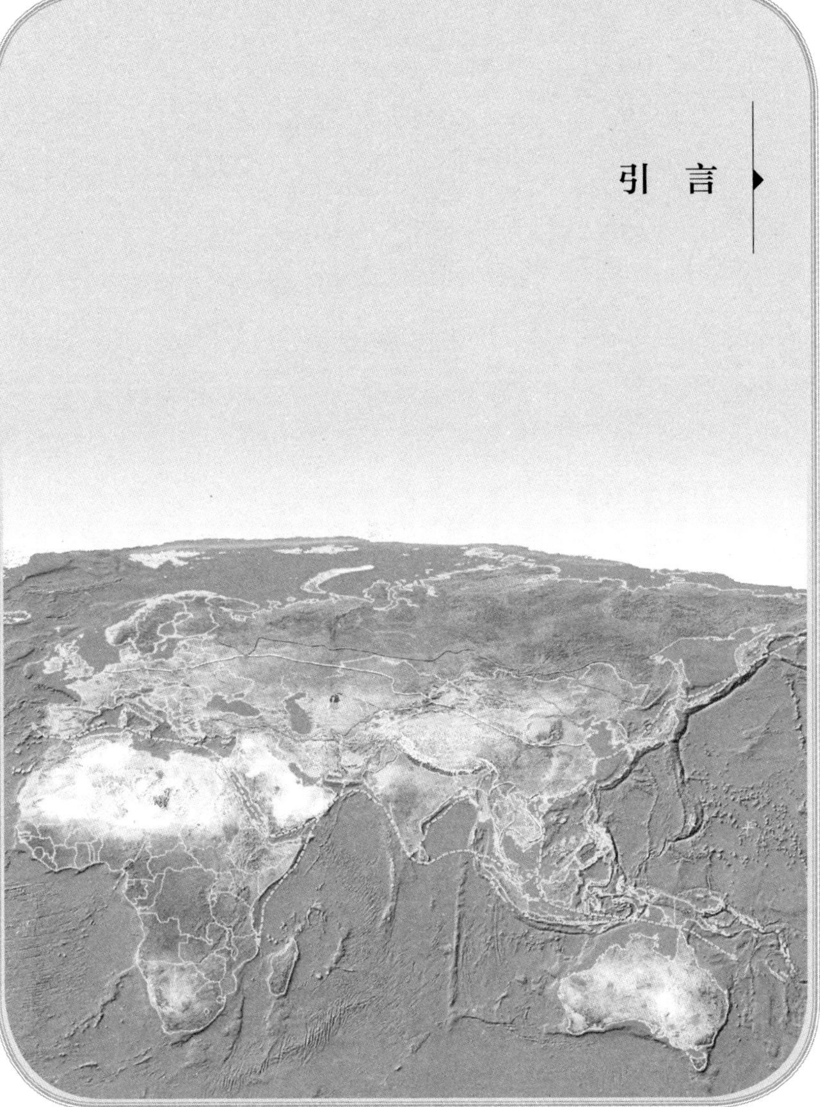

引 言

“一带一路”倡议主要被看作中国通过陆海交通与欧洲、中东和非洲广阔市场联通的工具，其实不止于此。中国持续的经济增长需要进口能源和安全、可靠的进口路线，该倡议便是这一布局的核心所在。今天，通过这些路线运往中国的能源数量已经非常可观，在未来几十年还将大幅攀升。没有可靠的能源来源，中国未来的经济发展将危机四伏，但考虑到中国在全球经济中日益强大的角色和影响力，可能导致中国同西方国家的贸易争端。

史上所有大国都深知供给路线的重要性，其关乎贸易畅通和地缘政治稳定，这正是中国发起“一带一路”倡议的原因。不谋万世者不足以谋一时，不谋全局者不足以谋一域。中国立足当下，面向未来，所以需要通过“一带一路”倡议建立贸易路线，并保障能源供应。

本书梳理了中国同俄罗斯和中亚各国的能源投资和协定，探讨了中俄两国能源协定与路线的过去、现在和未来。本书重点关注了中俄在北极地区的能源合作。两国在该地区的合作如火如荼，未来从该地区运往中国的天然气数量还会大幅增加，尤其是在中国未来数十年要实现减碳目标的背景下。

2014 年年初以来，美国反对俄罗斯的地缘政治行动和政策，与西方国家一同对俄罗斯进行数十次制裁，俄罗斯在能源等重要领域招商引资和某些领域扩展贸易的能力遭受挫折。对中国来说，这释放了两个重要信号：一是没有安全供给路线的外贸不堪一击，二是俄罗斯愿意开展能源合作。

起初，俄罗斯不愿意与中国就能源项目开展过于紧密的合作，但随着制裁的加码，俄罗斯决策层更为深入地了解了中国的“一带一路”倡议和长期能源需求，对与中国合作的态度发生了转变。孟子曾说过：“人有所不为也，而后可以有为。”就此事来说，俄罗斯选择避开西方制裁对其能源领域扩张的阻遏或经济前景的破坏，中国则选择聚焦与俄罗斯进行能源合作，进而保障能源安全。制裁和贸易围堵只有在对象国无动于衷时才会奏效。

中国是当今世界最大的能源消费国和进口国。中国在经济体量不断增大的同时，还致力于在未来十年大刀阔斧减少碳排放，所以大幅增加烃能源的进口势在必行，尤其是天然气（包括管道输送的天然气和液化天然气）进口。

俄罗斯和几个中亚国家是世界上最大的能源出口国。中俄共同边境线长达 4300 多公里，中国和中亚国家也有 3300 公里共同边境线，可谓近水楼台先得月。俄罗斯北极地区和中亚国家天然气储量丰富，可以主要满足中国需求。

据英国石油公司《世界能源统计年鉴》数据显示，2021 年中国大陆的能耗为 157.65 艾焦，排名第二的美国为 92.97 艾焦。从表 0-1 可以看出，中国能耗总量中煤占了首位，是美国的 8 倍多，其中煤排放的二氧化碳最多。中国力争 2030 年前实现碳达峰，2060 年前实现碳中和。这项挑战异常艰巨，因为 2019 年中国二氧化碳排放量为 9 亿 8600 万吨（占全球总量的 29%），而第二大排放国美国则为 4 亿 965 万吨（占全球总量的 15%）。中国将不得不用清洁燃料尤其是天然气替代煤炭。

表 0-1　2021 年世界两大能耗国能耗

单位：艾焦

	石油	天然气	煤炭	核能	水电	可再生	总量
中国大陆	30.60	13.63	86.17	3.68	12.25	11.32	157.65
美国	35.33	29.76	10.57	7.40	2.43	7.48	92.97
全球总量	184.21	145.35	160.10	25.31	40.26	39.91	595.15

资料来源：《BP 世界能源统计年鉴》

这也是中国扩大同俄罗斯、中亚能源合作的动因。这些国家已探明可开采天然气储量为 65 万亿立方米，占全球总量的 32.3%。显然，俄罗斯北极地区还将发现更多天然气，这对中国投资者来说已然成为投资焦点。

孟子哲学思想的一个关键主张是“性善论”。对于政府来说，这意味着它们可能期待善举，但同时要保持底线思维。因此，中国正对“一带一路”能源项目进行大手笔投资，并且还要持续推进。

习近平主席于2013年正式在哈萨克斯坦首都首次提出“一带一路”的核心概念之一——“丝绸之路经济带”时，能源路线就是这一倡议的重要组成部分。俄罗斯之所以起初回应冷淡，部分原因是担心中国会利用这一倡议提升在中亚地区的政治和经济影响。

经过两年考量后，俄罗斯政府才接受了该倡议的善意和利好，并以更加积极的姿态参与其中。2015年5月，习近平主席访问俄罗斯，两国签署扩大能源和交通基础设施领域合作的协议，标志俄罗斯正式加入该倡议。这一沟通过程也体现了孟子有关人与人之间合作和理解观点的精髓。

中俄对世界秩序持相同立场，即世界格局应是多极化的，而非由一个文化或经济集团主宰。俄罗斯认为，中俄有更多共同之处，有共同的经济和地缘政治利益，这有助于两国在“一带一路”倡议和能源合作等领域构建真正的伙伴关系。

俄罗斯还认为，该倡议有助于划定它所谓的欧亚主义范畴，并通过贸易和投资合作加强这一概念。在俄罗斯看来，欧亚主义是一种明确了如下理论的意识形态：俄罗斯和其“近邻”位于欧亚中间地带，斯拉夫人和土耳其穆斯林人杂居产生的文化杂糅使这些国家特色鲜明，俄罗斯尤其应该突出其亚洲特色。欧亚主义不同意俄罗斯是欧洲边缘地带的观点。

无疑，西方国家对俄罗斯无休止的制裁推动了中俄两国的沟通，加深了两国在能源与交通领域合作的意愿。俄罗斯需要开发能源资源的可靠投资伙伴和客户，而中国则渴求能源进口的可靠来源和安全路线，该路线不仅要在商业上可行，还不能在未来中断。

未来，中俄两国将日益聚焦于天然气合作。中国正在淘汰污染严重的煤炭，俄罗斯丰富的天然气资源可以满足中国日渐增长的需求。两国还会更加专注于北极的联合项目，该地区蕴含大量天然气，且可能成为中国商品海上运往欧洲的可行、安全和具有商业优势的线路。

第一章
能源是“一带一路”倡议的重头戏

2013 年，中国国家主席习近平在哈萨克斯坦首都阿斯塔纳正式宣布中国将同欧亚各国共同建设“丝绸之路经济带”。当时，中国已经是俄罗斯和中亚的能源供应和进口路线的主要投资者，投资了土库曼斯坦和哈萨克斯坦境内的数千公里长的石油和天然气管道及俄罗斯石油和天然气基础设施。中国早已认识到，作为能源消费大国，必须大量进口生产能源的燃料。获取能源燃料，尤其是煤炭和化石燃料，并将其安全输送到国内，一直是中国各级政府的要务。

随着中国经济的蓬勃发展，对化石燃料的进口需求也水涨船高。对进口燃料和能源的高度依赖是中国经济的一个软肋。中美关系跌宕起伏，尤其是在贸易方面，美国动辄对其他国家施加贸易和经济制裁。因此，中国为推动经济发展提供安全可靠的能源供应和进口路线，不仅是明智之举，也是必由之路。

2013 年，“一带一路”倡议正式提出，自此之后，中国从俄罗斯和中亚进口的石油、天然气和煤炭大幅增加。近年来，中国一直关注北极，通过国企直接投资与国家银行和开发机构贷款间接投资相结合，推动一批新的生物燃料供应项目落地，满足了中国经济对能源的渴求。

2009 年以来，中国对俄罗斯和中亚国家的石油和天然气项目投资近 300 亿美元。另外，一些国家开始投资基础设施建设，以增加对中国的出口，如俄罗斯建成了“西伯利亚力量”管线。

2020 年年底，习近平主席宣布中国二氧化碳排放于 2030 年前达到峰值，2035 前显著减少碳足迹，2060 年前实现碳中和。这意味着中国将更多侧重发展清洁能源，减少化石燃料的使用和进口。但现实并非如此简单。至少在未来十年里，中国对化石燃料的利用预计将继续增长，这意味着中国对进口石油、天然气和煤炭的需求将继续攀升，其中很多将从俄罗斯和中亚国家进口，这是因为中国政府更优先考虑的是保持高经济增长率，经济放缓则无法满足民众对美好生活的期待，这是中国不能承受的。为实现这一增长，中国经济将不得不依赖传统重工业，至少在未来五年或更长时间内是如此。这些产业可以吸纳可观的民众就业，对中国的许多地区都很重要，而这些重工业是能源密集型工业，因此，未来对化石燃料的需求会继续增加。

中国必须在 21 世纪 20 年代末，尤其是在承诺大幅减少碳排放的 30 年代前半期，着手淘汰煤炭，尤其是高污染煤炭。中国的能源结构需要提升洁净煤的比例，尤其是天然气，其中大部分天然气将不得不依赖进口。中国已经明确表示，希望从俄罗斯和中亚国家获取这些能源。从其他国家进口并不可靠，因为可能会受到制裁或贸易争端的影响或阻碍，致使国家、政府和经济容易受到未来不稳定因素的冲击。

各国动机

如前所述，中国之所以斥巨资开采俄罗斯和中亚国家的化石燃料并建设能源运输管道，原因显而易见：中国需要确保运输燃料的路线安全可靠，不受任何地缘政治或贸易风险影响。

俄罗斯的动机也显而易见：它想继续开采石油，起码维持当前的出口量，尤其要生产更多天然气以供出口。这意味着高昂的成本，尤其是在充满挑战的北极地区，同时这也需要投资伙伴和长期用户协议。自美国和欧盟以及七国集团（G7）于 2014 年对俄罗斯实施不同程度的制裁后，俄罗斯公司更难以从西方合作伙伴国获得新项目贷款和投资。当然，这也并非绝对，如法国道达尔公司（Total）和日本就对亚马尔（Yamal）液化天然气项目进行了投资。但俄罗斯现在更倾向于在亚洲寻找合作伙伴，同该区域的合作前景也更为可期。

中亚国家则是出于物流和经济考量：中国是进口燃料和能源的巨大市场，且为中亚近邻，与中国合作远胜于在其他方向找出口市场。未来，清洁能源出口也是如此，乌兹别克斯坦、塔吉克斯坦和哈萨克斯坦等国正在加大对发电行业的投资，因此会有富余电力可供出口。

中俄关系

中俄关系并非一直如此融洽或务实。在苏联时期两国关系堪称“剑拔弩张”。这种情况在苏联后期开始发生变化。彼时，苏联入侵阿富汗，随后西方国家抵制 1980 年莫斯科奥运会，苏联与西方国家关系进一步恶化。中国分析人士经常指出，中国在贸易或投资方面过于开放或过度依赖西方国家是危险的，因为西方国家会在出现政治分歧的时候迅速实施贸易制裁。

1989 年 5 月，时任苏联共产党总书记的米哈伊尔·戈尔巴乔夫应时任中国最高领导人邓小平的邀请下对北京进行了为期四天的访问，结束了两国长达 30 年的敌对状态。2001 年 6 月，普京总统在时任国家主席江泽民的接待下访问北京，标志着两国关系真正转折，也由此开启两国能源领域的重要伙伴关系。普京从上任伊始就认识到，俄罗斯过于依赖西方国家，他的前任鲍里斯·叶利钦就误判了西方国家在俄罗斯发展方面的作用。普京是前克格勃特工，他对西方国家不抱幻想，从担任总统之初就同美国和欧盟保持距离。2014 年及其后发生的事件证实了他的担忧，此后俄中接触增多，尤其是在贸易和能源合作领域。

如今，中国已是俄罗斯最大的贸易伙伴，而俄罗斯是中国最大的能源伙伴。2019年，两国贸易额为1100亿美元。“西伯利亚力量”天然气管线已经投产，21世纪20年代末“西伯利亚力量2号”也将运行，再加上来自俄罗斯亚马尔和萨哈林项目的液化天然气出口量增加，预计到2025年两国跨境贸易额将增长至2000亿美元，并将继续攀升。

“一带一路”倡议现已成为两国关系的核心要素，其主要组成是能源供应路线，包括跨越两国共有边界的实体管道和俄罗斯蒸蒸日上的北极新兴项目。习近平主席于2013年在阿斯塔纳提出重点推进“一带一路”倡议后，普京总统和习近平主席于2015年5月在莫斯科发表联合声明，正式宣布建设“一带一路”将是两国的共同要务。

2013年《阿斯塔纳宣言》发表后，俄罗斯最初不愿加入该倡议。可以说，当时俄罗斯对中国的动机持怀疑态度，不知作何应对。有人批评俄罗斯在投资方面“拖后腿”，只说不做。其中一个领域是高铁线路升级和道路建设项目，其旨在改善中欧之间以及哈萨克斯坦（哈萨克斯坦本身是“一带一路”路线中通往欧洲、土耳其和海湾地区的关键一环）和欧洲之间的交通联系。关于“一带一路”倡议的主要动机是否是贸易扩张和供应路线，或者中国是否想要利用该倡议取代俄罗斯在中亚、高加索和白俄罗斯等“近邻”中的影响力，俄罗斯国内相关人士进行了大量辩论。

为期两年的辩论使俄罗斯对“一带一路”倡议背后的逻辑有了更深刻的理解，并对中国敞开怀抱。但是，俄罗斯也开始认识到，中国也同样需要俄罗斯，因为“一带一路”倡议不仅关乎中国在过境国的投资和同其他地区的贸易，还关乎中国的能源进口，关乎中国能否拥有一个可靠的合作伙伴充当其陆路贸易路线的东道国。俄罗斯逐步认识到自己是一个颇具影响力的重要合作伙伴，且这种合作关系能为俄罗斯发展带来利益，“一带一路”倡议成为双边关系的一个关键部分，俄罗斯于是开始努力接纳中国在能源项目和能源出口基础设施方面的投资。

中俄“一带一路”立场

除了官方阐述的立场，中俄两国都支持“一带一路”倡议显然还有其他原因，尤其是燃料和能源路线。

对中国来说，“一带一路”建设是扩大贸易的方式，中国修建的铁路网联通了俄罗斯—中亚与欧洲、中东、北非和东非的主要市场。现在，从中国大部分地区乘坐火车，经由英吉利海峡隧道，在短短 14 天内就可以抵达伦敦，这对于高价值商品或时尚产品尤其重要，因为二者需要利用市场消费者偏好激增或所谓的“即时”商品（如机械零件或药品）。这些铁路以相对较短的时间（相对于海运集装箱）和相对较低的成本（相对于空运）将此类货物运往大型市场，有助于扩大中国商品的市场，返程列车不仅可以运送零部件和材料，还可以运送易耗消费品。

“一带一路”建设还将有助于中国推进与世界大部分地区增强互联互通的目标，增进这些主要经济体对中国的了解，使其更频繁地接触中国文化，尤其是当比海运更快捷、比空运更低价的“一带一路”铁路网联通欧洲、中东和非洲与中国之时。

很明显，“一带一路”建设还包括另一个重点领域，那就是能源。中国在表达立场时日益强硬，并在多个领域和地区追求国家利益，与美国发生冲突的风险不断增加，这进而增加了美国制裁中国和企图破坏中国贸易网络的风险。

美国海军的战备舰一骑绝尘，它有 12 个航空母舰战斗群，而位列第二的中国和英国则只有两个。这意味着，如果两个超级大国之间发生重大争端，中国的海上贸易路线很容易受到制裁和破坏。有先例表明，船载石油和天然气最易受到威胁。因此，中国正在建设四通八达的铁路网络，以便与欧洲、中东和非洲开展贸易。

在对中国的政治动机所持有的忧虑消除之后，俄罗斯认识到，支持“一带一路”倡议和扩大与中国的能源合作方面蕴含巨大利好。这在一定程度上是因为俄罗斯是中国贸易基础设施的重要组成部分或者说是东道国，是中国最大的能源供应国，这确保了两国相互尊重和务实的关系。俄罗斯认为，如果自己能够主导铁路交通运输或影响对中国经济至关重要的燃料供应，中国就不会在俄罗斯近邻地区指手画脚。

俄罗斯应对西方国家制裁

中俄之间的能源合作日益增强并非巧合。2014 年春“克里米亚举行公投”后，欧盟和其他国家启动对俄罗斯实施制裁，俄罗斯需要大量投资来继续开发其油气资源。制裁使得俄罗斯获得西方投资和技术变得很难，甚至在某些领域已不可能。因此，俄罗斯产业更多地将目光投向中国和其他亚洲国家，希望能够吸引投资者和忠实买家。这对俄罗斯来说，是一个万全之策。

普京总统在 2020 年 11 月表示，特朗普总统在 4 年任期内对俄罗斯进行了 46 次制裁。这尤其牵动中国的神经，因为中美关系未来也充满变数。

美国的许多制裁旨在阻止或牵制俄罗斯对化石燃料的开发，尤其是天然气。得益于页岩油气（致密油气）行业的大量投资和技术进步，美国已成为石油和天然气生产大国，它希望通过液化天然气运输船出口更多天然气，并增加原油出口，以保持美国工业的增长势头。因此，它通过制裁封堵了委内瑞拉和伊朗的原油出口，使全球原油生产减少了近 400 万桶，大约相当于美国生产商在2019年末和“新冠”疫情爆发前的出口量。

美国对俄罗斯石油和天然气行业实施的制裁包括：

（1）禁止俄罗斯大多数石油和天然气公司，无论是私营还是国有公司，在西方市场筹集新的股权或债务；

（2）俄罗斯大多数石油和天然气巨头也被禁止从美国银行或贸易伙伴获得期限超过14天的贸易信贷或融资，欧盟给出的期限为30天，但由于美国国会在《制裁反击美国敌人法案》（Countering America's Adversaries Through Sanctions Act，简称CAATSA，2017年8月签署）中提出二级制裁威胁，大多数西方公司都遵守美国法律；

（3）俄罗斯石油公司（Rosneft，以下简称“俄油”）和俄罗斯天然气工业股份公司（Gazprom，以下简称“俄气”）等国有股份油气公司的许多负责人都受到制裁，这让西方合作伙伴很难与他们合作。即便立法明确将企业首席执行官这一角色与个人（受特别指定个人制裁条款管辖）区分开来，埃克森美孚在与俄罗斯石油公司的负责人伊戈尔·谢钦（Igor Sechin）签订合同后，还是被美国外国资产管制办公室（OFAC）罚款；

（4）禁止西方投资者投资俄罗斯北极海上新项目；

（5）禁止西方投资者投资新的深海油气项目；

（6）禁止西方投资者投资页岩（致密）油项目；

（7）为俄罗斯油气公司提供设备和服务也将受到广泛制裁。

推进欧亚主义的机制

据约翰霍普金斯大学中亚和高加索研究院发表研究，“欧亚主义”这一概念是俄罗斯20世纪90年代提出的众多保守思想之一。该文章表示，欧亚主义明确了如下理念：俄罗斯和其“近邻”位于欧亚中间地带，它们与斯洛伐克和土耳其穆斯林人杂居产生的文化杂糅有关，俄罗斯尤其应突出其亚洲特色。欧亚主义不同意俄罗斯处于欧洲边缘的观点，而是认为其地理位置是救世主般的“第三条道路”。

该研究认为，欧亚主义呼吁的俄罗斯文明定位不应是俄罗斯特有的，而是全球共有的。文章写道：“‘文明冲突论’和地缘政治回归仅是冰山一角。”随着马克思主义在西方思想界的式微，人们似乎认为社会经济理论已不足以解释当今世界的现状，只有国家身份认同、文化和宗教才可以为之。欧亚主义受到广泛认同这一现象证实，俄罗斯在21世纪初同全球意识形态的演进步调一致。此研究最后总结说：“所以，这一现象在原则上并非俄罗斯所特有，而是大环境使然。在美欧乃至伊斯兰教国家，关于国家、政治、社会团体和贫富分化的看法不一而足，俄罗斯则并非如此。”

在仔细权衡了“一带一路”倡议在中亚、高加索和白俄罗斯等俄罗斯近邻地区可能产生的影响后，俄罗斯现在相信，“一带一路”倡议将有助于推动欧亚主义，它可以将该地区捆绑在一起，联通各国的贸易和投资以及未来的文化和政治。“一带一路”倡议将大欧亚地区置于全球中心位置，其西部是欧洲，东部是亚洲，南部是中东和北非。俄罗斯与北极接壤的边界最长，所以“一带一路”倡议覆盖了俄四个地理方向。这也有力地解释了俄罗斯渴望与中国在建设“一带一路”能源项目和交通运输网络方面为何深度合作。

已签协议

中国投资者已投入大量资金开发俄罗斯能源，中国的银行和投资基金也提供了数十亿美元贷款，帮助俄罗斯公司建设能源项目。目前的大型项目包括：

1. 天然气、液化天然气

2014 年，中国石油天然气集团有限公司（以下简称中国石油）收购了亚马尔液化天然气项目第一线（以下简称 LNG-1）20% 的股权。2016 年，中国政府支持的“丝路基金”收购了 9.9% 的股权。另外，国家开发银行和中国进出口银行共同对该项目提供了 120 亿美元的贷款。作为回报，LNG-1 的运营商同意与中国石油签署“长期供应协议”。LNG-1 项目耗资 271 亿美元，已达到满负荷生产能力 1800 万吨。

亚马尔项目的俄罗斯私营运营商诺瓦泰克公司（Novatek）目前正在推进耗资 213 亿美元的 LNG-2 项目，目标是在 2025—2030 年达到 1980 万吨的满负荷生产能力。中国石油和中国海洋石油集团有限公司（以下简称中国海油）都同意收购该项目各 10% 的股份。

2. 管道天然气

中俄最终达成协议建造“西伯利亚力量”天然气管道，将天然气从俄罗斯远东地区输送到中国东北地区。相关讨论已持续数年，关于价格计算公式和建造成本的争议频频见诸报端。但随着两国关系的深化以及俄罗斯认识到“一带一路”倡议和能源合作的重要性，普京总统和习近平主席于 2014 年 5 月同意正式签订合同。该管道于 2019 年 12 月 2 日落成，输气量 38 亿立方米每年，但需要数年建设才能达到该水平。俄气和中国石油已签署一份为期 30 年的供应合同。

中俄还同意建造名为“西伯利亚力量 2 号”（Power of Siberia 2）的第二条天然气管道。此管道取道另一条线路穿越蒙古国，通往中国中部，计划产能为 50 亿立方米，预计 2030 年完成。这将是中国逐步用天然气取代煤炭规划的重要组成部分，进而使其能够兑现到 2035 年大幅减少碳排放量的承诺。

3. 原油

2008 年，油价暴跌导致卢布汇率暴跌，数家俄罗斯大型企业几近破产。中国石油和中国国家开发银行向俄罗斯石油公司（Rosneft）贷款 150 亿美元，向俄罗斯国有管道运营商俄罗斯国家石油管道运输公司（Transneft）贷款 100 亿美元，以保证俄罗斯在 30 年内向中国交付至少 3 亿吨石油。俄罗斯石油公司用这笔钱完成了其巨大的万科尔（Vankor）油田的开发，俄罗斯国家石油管道运输公司用这笔钱建造了俄罗斯对中国主要石油出口路线——东西伯利亚－太平洋输油管道（以下简称 ESPO 输油管道）。

ESPO 输油管道的第一阶段于 2009 年竣工，日输油量 60 万桶。其中，每天有 30 万桶是通过支线运输到中国北方的大庆市，首次供油于 2011 年 1 月开始。该管道的第二阶段于 2016 年完成，管道建设延伸至俄罗斯太平洋沿岸靠近纳霍德卡的科兹米诺港。在此阶段，管道输油量提高到日 100 万桶，对中国的供油量增加到 60 万桶 / 日。第三阶段计划于 2025 年进行，产能将提高到 160 万桶 / 日。届时，俄罗斯输往中国的石油量也可能会增加。

2018 年 9 月，俄油和中国石油正式同意合作开展联合勘探和开发项目，特别是在北极地区和其他西方投资者因制裁而无法触及的地区。该协议允许中国石油收购与勘探和开采有关的所有商业项目股权。

4. 石油化工

中国石油化工集团有限公司（以下简称中国石化）于 2015 年以 13.4 亿美元收购了俄罗斯石化巨头西布尔集团（Sibur）10% 的股份。一年后，"丝路基金"以未披露的金额收购了其 10% 的股份。西布尔的几位主要股东和高管受到美国特别指定国民（SDN）制裁，这对中国投资者是一个契机，因为西方投资者往往不会轻易与受制裁公司合作。

俄气正在俄罗斯阿穆尔州和中国边境附近建设一个大型天然气化工综合体。据悉，中国石化已同意在该项目建成后持有该项目的股权，以达成长期供应协议。

对中亚国家有何利好

哈萨克斯坦、土库曼斯坦、乌兹别克斯坦这三个中亚国家都在向中国出口能源或接受中国政府投资，它们的考量比较简单直接。首要考虑就是地理因素，同时，它们还希望减少对俄罗斯的依赖，发展多样化贸易和投资伙伴关系。中国成为该地区国家在俄罗斯之外新的油气市场，提供了新的油气运输基础设施。

哈萨克斯坦是石油出口大国，向北出口天然气到俄罗斯。它的主要出口路线是通过里海管道联盟（CPC），将 130 万桶或 74% 的石油从该国里海北部油田出口到俄罗斯黑海港口新罗西斯克，然后大部分再运往西方市场。哈萨克斯坦正在开发世界上最大的油田之一卡沙甘油田，目前该油田日产量 50 万桶，计划分几个阶段将日产量提高到 120 万桶。此外，雪佛龙公司牵头的田吉兹（Tengiz）油田耗资 360 亿美元进行升级，目前已进入最后阶段，该油田目前日产能为 58 万桶。

石油产量的增加吸引了美中争相就石油出口方式和路线游说哈萨克斯坦。美欧支持的路线是从里海北部的哈萨克斯坦段到里海阿塞拜疆海岸的巴库。这样一来，就可以连接英国石油公司（BP）运营的阿塞拜疆至地中海的巴库—第比利斯—杰伊汉（BTC）石油管道。此外，哈萨克斯坦可以同时修建另一条管道，以运输来自卡沙甘（Kashagan）和田吉兹的石油。但该提议的难度在于哈萨克斯坦在里海修建管道必须取得其他里海沿岸国家批准，本就希望建造跨里海管道的土库曼斯坦以及阿塞拜疆均会赞同，但俄罗斯可能并不心急，而伊朗或会反对。

另一种可行方案是将石油向东出口。中国已向哈萨克斯坦政府提议资助其扩建和升级现有通往中国的石油管道，以提高现有向东运输的数量。目前哈萨克斯坦向中国输送石油的路线是中哈石油管道，该管道由中国石油和哈萨克斯坦国家油气公司（KazMunaiGas）于 2009 年合资建设。经过升级改造，中哈石油管道可运输来自卡沙甘油田的石油。该管道全长 2225 公里，由从哈萨克斯坦西北部的阿特劳港到中国西北部新疆地区的阿拉山口。其初期日产能为 24 万桶，后增加到 40 万桶，扩大的产能可用于运输部分卡什干的石油。

现有的中哈能源项目与合作包括：

（1）中国石油收购了卡什干油田 8.4% 的股权，据报道其数额约为 50 亿美元。

（2）中国石油拥有阿克纠宾油气股份公司（AktobeMunaiGaz）85.42% 的股份。

（3）中国石油于 2005 年以 41.8 亿美元收购哈萨克斯坦石油公司（PetroKazakhstan）的所有权。该公司经营多个油田并拥有勘探许可证。

（4）中国石油在 2009 年年初向哈萨克斯坦国家石油和天然气公司（KMZ）贷款 50 亿美元用于公司支出，借此获得了与其合作的特权。

（5）中国石化在 2015 年以 10.9 亿美元收购里海资源投资有限公司（Caspian Investment Resources）50% 的股份。

（6）中国石油子公司中亚天然气管道有限公司（Trans-Asia Gas Pipeline）与哈萨克斯坦天然气运输公司（KazTransGas）按 50：50 建立了的合资企业，运营一条与中亚—中国天然气管道相连的管道，每年通过该路线向中国供应 15 亿立方米天然气。

土库曼斯坦是目前中国最大的天然气供应国。中国在2019年进口的43亿立方米天然气中有74%来自该国。在俄罗斯暂停购买土库曼斯坦天然气后，中土最初同意在21世纪初建造第一条天然气管道。此前，俄气是土库曼斯坦天然气的主要买家，不过价格折扣很大。后来俄气与时任土库曼斯坦总统尼亚佐夫总统就加价问题谈判破裂，两国合作因此终结。随后，尼亚佐夫开始与中国进行谈判，最终中国石油获得了开发该国巴格特亚尔雷克（Bagtyiarlyk）气田的权利，并建设从土库曼斯坦经乌兹别克斯坦和哈萨克斯坦的第一条天然气管道。

目前，中国已投资从土库曼斯坦到中国边境的三条独立天然气管道，每条均长1833公里，总输气量为55亿立方米。官方表示，第一条线路（A线）成本为73亿美元，目前还没有其他线路成本的公开信息。2020年底，第四条线路D线已经开工。不同于其他路线，D线将穿越乌兹别克斯坦南部并途经塔吉克斯坦，成本据称为32亿美元，年输送能力为25亿立方米。

乌兹别克斯坦和中国也同意在能源领域开展合作，乌兹别克斯坦政府已向中国石油授予勘探和开发许可。此外，乌兹别克斯坦计划通过中国—中亚天然气管道D线向中国出口天然气。

加强北极地区合作

对北极地区合作是俄罗斯曾极不情愿让中国参与的另一领域，但态度之所以发生转变是因为俄罗斯接受了包括能源合作在内的“一带一路”倡议，且从 2014 年开始西方国家几乎连续对俄实施制裁。中俄两国首个合作领域是亚马尔 LNG-1 项目。2014 年，中国石油收购了诺瓦泰克公司主持的项目 20% 的股份。此后，两国合作领域扩大，包括：

（1）天然气：中国投资者持有亚马尔 LNG-1 项目 29.9% 的股份，两家中国国企已同意投资 LNG-2 项目 20% 的股份。

（2）勘探和生产：中国石油正在与俄油在北极进行联合勘探。美国对此类活动实施制裁后，中国石油取代了不得不退出北极项目的埃克森美孚。

（3）运输：中国公司已经建造了几艘破冰型液化天然气油轮（详见本书第五章），且中国公司正在与俄罗斯共同确保集装箱船安全顺畅地通过北极航线运往欧洲。

俄罗斯在北极圈内的领土面积最大，总面积约 900 万平方公里，占整个北极地区的 40% 和北极海岸线的 50%。“北方海航道”（NSR）大部分航段位于北冰洋离岸海域，其经济活动占俄罗斯 GDP 的 15% 和出口总额的 25%，贡献了俄罗斯年捕渔量的三分之一。2020 年 4 月，俄罗斯宣布到 2024 年将对该航道投资

115 亿美元。

俄罗斯还对所谓的罗蒙诺索夫山脊和门捷列夫山脊提出领土主权声明，并已正式向联合国提出申请。如能获批，将使其疆域扩展 120 万平方公里。

根据 2008 年美国地质调查局的报告，北极地区蕴藏约 900 亿桶石油和 47 万亿立方米天然气，这相当于全球约 13% 的未探明石油和 30% 的未探明天然气储量。北极五国在这一地区占有资源的面积比率是：俄罗斯 58%；美国 18%；丹麦的格陵兰岛 12%；包括挪威和加拿大在内的其他国家占 12%。

北极一直是俄罗斯控制和阻止其他国家进入的重点地区。

1982 年，苏联加入《联合国海洋法公约》。它认为这是合法捍卫其在北极地区利益的一种手段。美国从未签署过该公约。1993 年，俄罗斯成为巴伦支海欧洲—北极理事会的创始成员，该理事会旨在实现这一地区的可持续发展和环境保护。1996 年，俄罗斯成为北极理事会的创始成员之一，该理事会旨在处理“北极地区及其土著居民面临的问题”。

在 2002 年，普京总统宣布开发北极是该国优先事项。他持续采取了如下措施：2008 年，俄罗斯发布了北极战略文件。2013 年，发表题为《俄罗斯联邦北极地区发展战略》的文件。2020 年 3 月，普京总统签署了《2035 年前俄联邦北极国家基本政策》。该法令宣布的主要目标包括：（1）帮助解决北极问题；（2）开放和管理北方海航道的商业交通；（3）促进资源开发的私人投资，尽管俄罗斯控制权已载入《战略投资法》。

中国在20世纪90年代末首次派出北极科学考察队，此后一直试图与俄罗斯加强合作，但直到2014年之后才取得进展。

2018年，中国政府发表《中国的北极政策》白皮书，其中明确表示中国在该地区拥有合法利益。该文件明确指出：（1）中国将在北极环境治理中发挥重要作用；（2）参与该地区的科研和开发；（3）参与开通联通欧亚的北方海航道运输路线；（4）积极投资和参与自然资源特别是油气勘探开发。

预计未来中俄在能源领域的合作将集中在北极地区，特别是在天然气开发领域。如果中国要在既定时间内实现其雄心勃勃的碳排放目标，需要用天然气发电厂取代现有的燃煤电厂。

可再生能源是大势所趋

中俄合作开发天然气项目（无论是来自西伯利亚的大型跨境天然气管道还是亚马尔的液化天然气项目）的动因之一，是世界正在朝着减碳的发展方向迈进，这对所有国家来说都势在必行，这意味着要用天然气取代煤炭和石油发电。太阳能、风能和水力发电份额在主要经济体中的占比尚有提升空间，特别是对终会成为世界头号经济体的中国来说更是如此。因此，中国投资逾 30 亿美元建设中亚—中国管道第四条路线。中国需要增加天然气进口，履行碳减排承诺。

2020 年 9 月，中国明确提出 2030 年“碳达峰”与 2060 年“碳中和”目标。为此，中国需要 2000 ~ 3000 吉瓦的可再生或清洁能源。该计划的一部分是淘汰燃煤电厂，这些电厂在 2035—2045 年的发电量为 660 吉瓦。中国其他碳减排举措包括：到 2025 年，将电动汽车占比从 12%（2020 年）提高到 20%，“大幅”减少卡车数量，转用铁路运输。卡车在交通中占比不足 20%，却排放了 60% 的氮氧化物和 85% 的道路污染。到 2035 年，人口超过 20 万的所有城市都将通铁路，人口超过 50 万的城市将通高铁。

但是，正如“碳行动”计划所述，中国的石油、天然气和煤炭消费量预计在这十年内还将上升，2030 年之后才会开始减少，这是因为目前的经济发展在很大程度以依赖化石燃料的重工业为支柱。2020 年上半年中国的电力贡献比例（图 1-1）更清楚地说明了这一点：

其中热力 - 化石燃料占 70.6%；水能占 13.8%；风能占 6.9%；核能占 5.0%；太阳能占 3.7%。

俄罗斯对可再生能源发电接受度不是很高，但通常会根据终端用户需求的变化调整行动，这已经成为其商业和政治决策的显著特点。这在 2010 年后愈加明显，亚马尔天然气项目的投资因此增加。西方对俄罗斯能源部门的制裁却意外增强了全球能源出口第一大国与全球能源进口第一大国之间的合作关系。

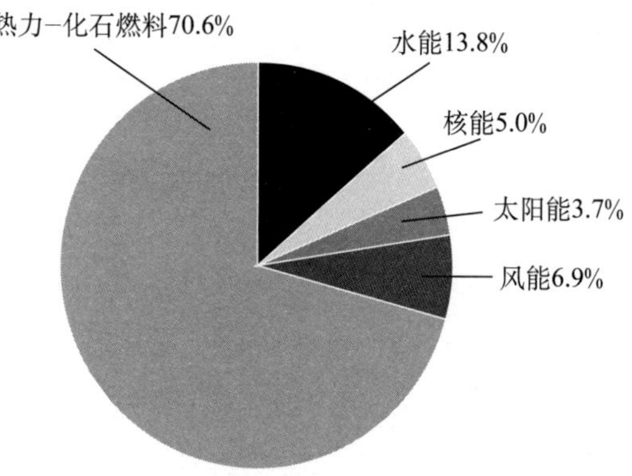

图 1–1　中国 2020 年上半年发电各能源贡献统计

第二章 中国的能源趋势

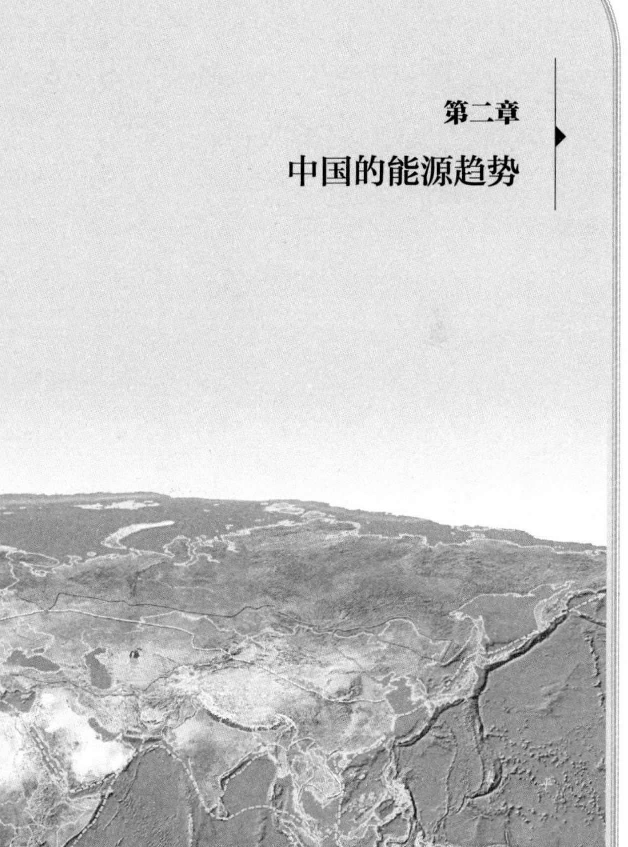

2021年，中国大陆一次能源消费达到157.65艾焦（图2-1），比1990年增长449%。这延续了数十年的稳定增长，中国大陆在1990—2021年实现了5.6%的复合年均增长率（CAGR）。中国三种关键能源的消费均有所增长：

（1）煤炭的累计总增长率为4.6%；

（2）石油的累计总增长率为6.4%；

（3）天然气的累计总增长率为10.9%。

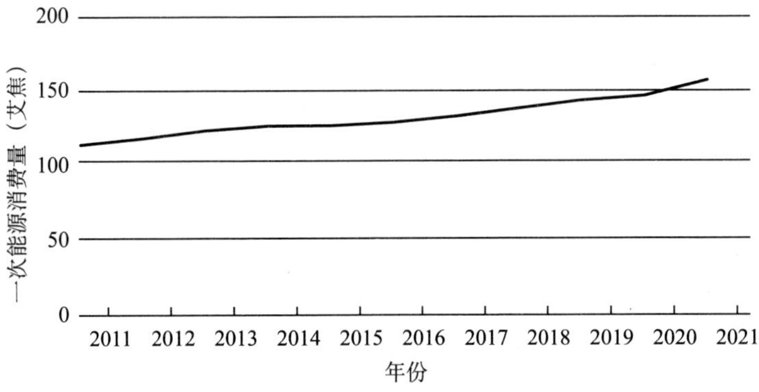

图2-1 中国一次能源消费量

资料来源：《BP世界能源统计年鉴》

世界银行数据显示，中国 GDP 从 1990 年的仅 3610 亿美元增长到 2019 年的 14.3 万亿美元。经济迅猛增长带动了巨大的能源需求，一次能源消费也相应飙升（图 2-2）。1990—2019 年间，中国发电量累计年均增长率为 8.97%。

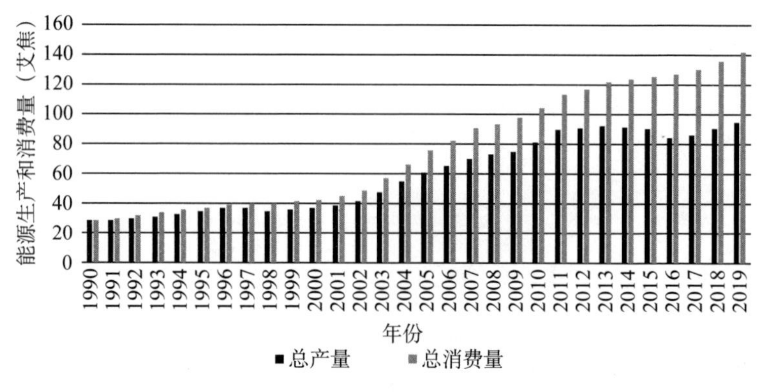

图 2-2　中国能源生产和消费

资料来源：《BP 世界能源统计年鉴》

中国可能仍将依赖进口能源。近期预测表明，中国的能源需求会继续增长。联合国预测，到 2030 年，中国城市人口将接近 10 亿，人均能源消费将大幅增加。这会使得中国大部分能源消费继续依赖进口，尤其是石油和天然气。就石油而言，中国国内来源的价格相对昂贵，所以进口依然不可或缺，特别是考虑到中国正在为应对气候变化而减少煤炭消费。

煤炭“依旧为王”

由于煤炭生产成本低，且在中国和周边国家（如蒙古国和俄罗斯）储量相对丰富，所以煤炭一直是中国经济发展不可或缺的能源。2021 年，煤炭占中国所有一次燃料消费的 54.7%，煤炭发电占总发电量的 64.7%。2011 年，煤炭更是占中国燃料消费的 86% 以上（图 2-3）。

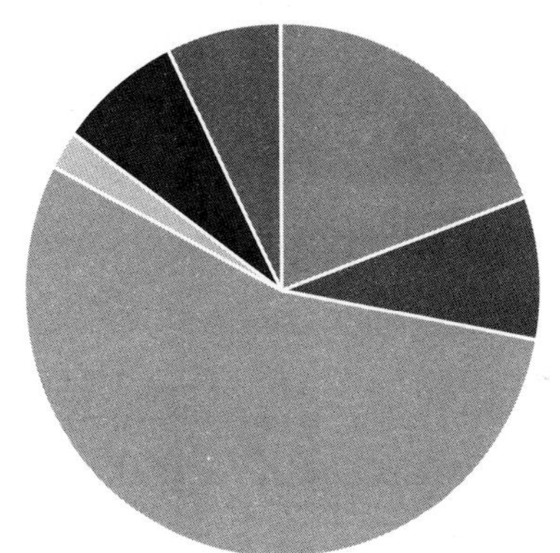

图 2–3　2021 年中国大陆一次能源分燃料消费量

资料来源：《BP 世界能源统计年鉴》

然而，尽管中国煤炭消费量有所下降，但依然不低，尤其是在他国能源市场煤炭消费量暴跌的背景下。煤炭对中国如此重要，以至于中国的煤炭产量虽然在 2013—2016 年成功得以削减，但此后又恢复到 2013 年的水平。

对于中国来说，煤炭的主要优势之一是国内产量丰富。尽管中国大部分油气消费依赖进口，但2019年中国98%的煤炭消费（81.67艾焦）源自国内。煤炭在中国具备两个主要优势：一是煤炭不易受到严重供应中断的影响，二是煤炭生产在中国可以直接创造就业岗位和增加产出。

然而，中国国内煤炭产量虽高（图2-4），但并没有完全实现自给自足。2019年中国进口煤炭6.4艾焦，虽然只占国内消费的一小部分，但占当年全球煤炭进口量的18%。这其中有34.2%来自印度尼西亚，32.3%来自澳大利亚。

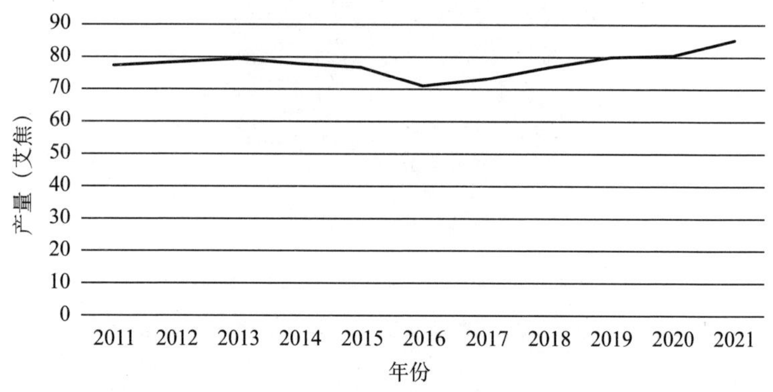

图2-4　中国煤炭产量

资料来源：《BP世界能源统计年鉴》

中国煤炭产量虽在增长，但未能跟上需求增长的步伐。中国一次能源人均消费量与日俱增（图2-5）。2021年，中国的能源产量远不及消费量。因此，中国已成为能源进口大国——2010年

以来，中国一直是世界能源进口第一大国。

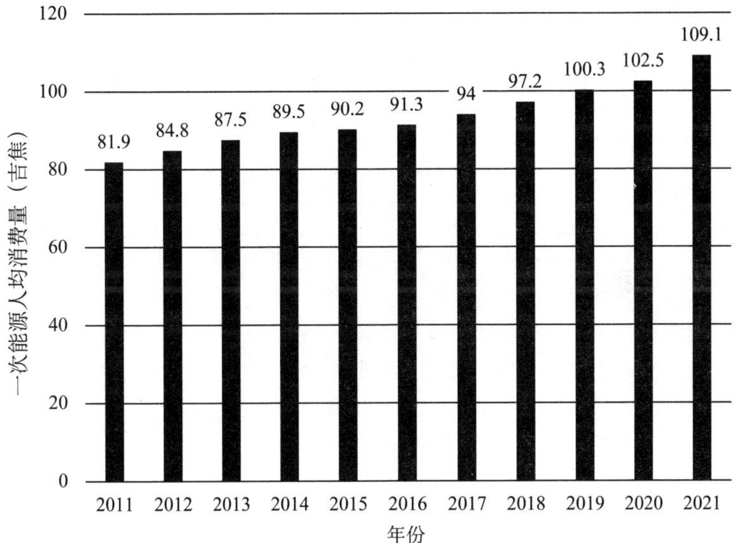

图 2–5　中国一次能源人均消费量

资料来源：《BP 世界能源统计年鉴》

碳氢化合物

中国石油产量增长明显，但仍无法满足需求。2021 年，中国的石油进口量为 12724 万桶 / 日。从 1993 年（进口第一年）到 2021 年，中国的石油进口几乎一直保持增长，累计年均增长率为 10% 以上（图 2–6）。中国努力使石油供应来源多样化，其中进口国以沙特阿拉伯、俄罗斯和西非为主。

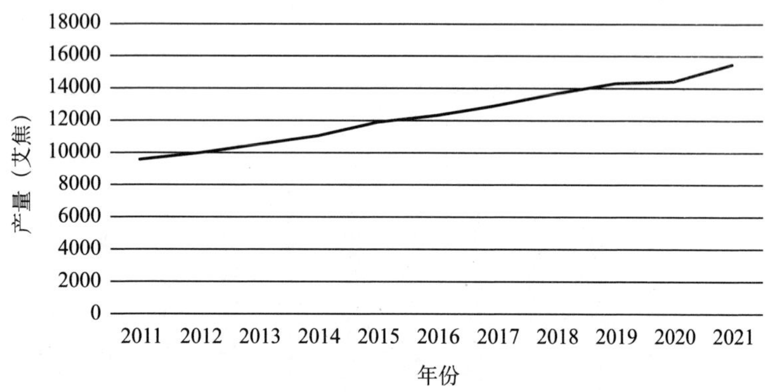

图 2-6　中国石油进口量

资料来源：《BP 世界能源统计年鉴》

管道是天然气进口的新渠道。中国的石油进口在 21 世纪就已全面展开，天然气则刚刚进入中国的能源进口组合。该行业增长快速，从 2006 年（进口的第一年）到 2021 年，其累计年均增长率长期高于 40%，2021 年总进口量为 1627 亿立方米（图 2-7）。

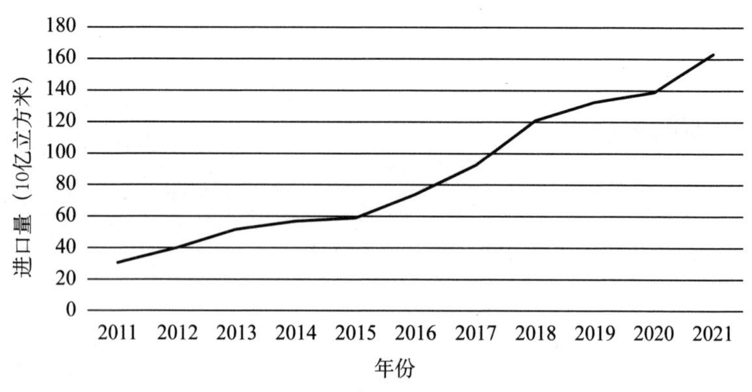

图 2-7　中国天然气进口量

资料来源：《BP 世界能源统计年鉴》

中国的天然气进口来源起初是液化天然气，最近，管道天然气同样有所增长。来自中亚、缅甸和俄罗斯的新建管道使管道天然气在 2015 年达到天然气进口总量的 55%，创下新高。尽管该比例下降，但仍是中国重要且相对稳定的能源来源。

安全与转型

目前，中国的能源利用有两个显著特点：一是依赖进口，二是高度碳密集。

这两个特点将影响中国的核心能源战略。中国正努力提高其能源供应的安全性（通过减少或保障进口），并减少对煤炭等重污染物质的依赖。

在能源安全方面，中国主要关注的问题之一是其依赖通过霍尔木兹海峡（用于从中东供应）和马六甲海峡（用于从非洲和中东供应）的贸易路线，而二者都比较脆弱，面临各种各样的风险，包括海盗活动和地区摩擦（例如沙特阿拉伯和伊朗在波斯湾的冲突），甚至可能有针对中国的行动。当这些风险交织在一起时，中国能源供应安全便会堪忧。

中国的“一带一路”倡议打通了新的重要能源路线。自 2009 年以来，中国已在“一带一路”沿线国家的天然气和液化天然气项目上进行投资。油气投资非常重要，有助于中国继续开辟传统海上航线的替代路线，进而保障国家能源安全。新的管道，例如那些连通中国与中亚和巴基斯坦海岸能源领域的管道（这条路线将为输送中东和非洲的天然气提供替代港口），构建了超越美国军事影响力范围的能源路线，被认为是这一倡议的范例。2011—2021 年，中国大陆已通过各种形式实现液化天然气进口的跨越式增长（图 2-8）。

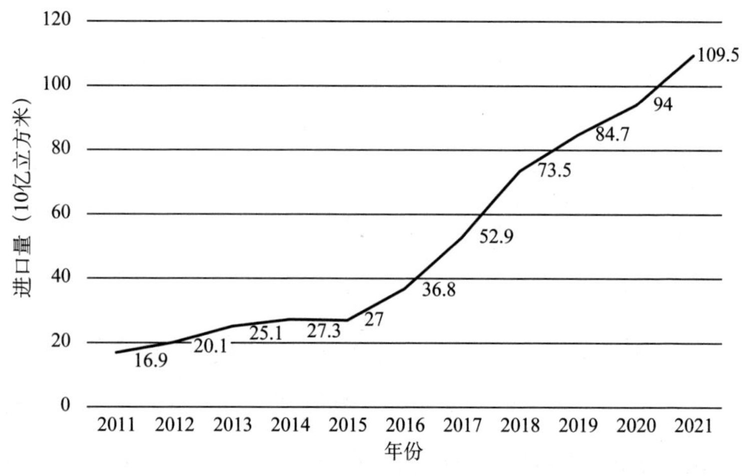

图 2–8　2019 年中国从俄罗斯和中亚进口的天然气

资料来源：《BP 世界能源统计年鉴》

俄罗斯和中亚对中国能源供应的战略意义始于“一带一路”倡议之前。中国早在苏联解体后就在中亚积极投资重大能源项目，为未来建设连接中国西部与富含油气的中亚国家的管道打下了基础。中亚 - 中国和俄罗斯西伯利亚力量天然气管道分别于

2009年和2022年通气，此后，中国、俄罗斯和中亚基于能源的关系有所提升。现在，俄罗斯和中亚占对中国管道天然气进口的90.2%。

俄罗斯和中亚之外的选项

除了从俄罗斯和中亚进口油气之外，中国还有中东/非洲（经由巴基斯坦港口运输）和伊朗两个备选。但这两个地区都面临挑战。“新冠”疫情导致巴基斯坦财政负担加重，无力偿还中国基础设施项目的贷款，巴中政府为此再次走到谈判桌前。巴基斯坦还发布报告指责中国电力公司存在“不当行为”，夸大几个项目的成本。

另一方面，美国的制裁使中国从伊朗采购油气更为复杂。中国从伊朗进口的石油在2020年3月达到 20 年来的最低点。根据制裁条款，同该国的贸易支付必须通过第三国或以现金进行。

努力做到自给自足

“新冠”疫情减缓了中国国内能源生产。中国能源安全战略注重增加国内产量，尤其是石油产量。中国的能源开采成本通常比竞争对手高，这使得利润要低得多，但疫情之前的能源产业发展良好。在政府呼吁国有企业提高产量之后，中国三大石油巨头在 2019 年将投资提高了 18%，并成功扭转了产量下降趋势。

向可再生能源转型是否是出路？鉴于中国油气供应有限，有人认为可再生能源可以替代中国的能源进口。这一论点得到了近期研究的支持。例如，国际能源署（IEA）的一项研究发现，中国西部西藏、青海、新疆和内蒙古的风能和太阳能非常丰富，如果这一潜力得到挖掘，便可以继续提高可再生能源产能。近年，中国可再生能源发电量稳步增长：2019 年中国水力发电 1.27 万亿千瓦·时，其他可再生能源发电 732 亿千瓦·时（图 2-9）。

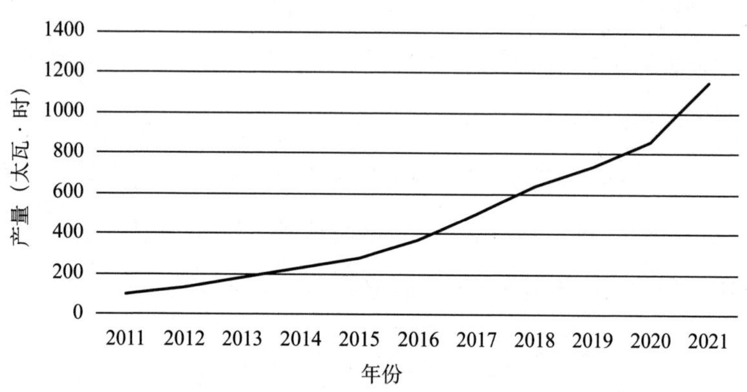

图 2-9　中国大陆可再生能源发电量

资料来源：《BP 世界能源统计年鉴》

向可再生能源的转型也将有助于中国兑现碳减排承诺。2000—2015 年的三个“五年计划”大力推广煤炭和石油作为驱动中国经济发展的主要燃料，之后“十三五”规划提出“建设清洁低碳、安全高效的能源体系”，并规定煤炭消费比重要低于58%。中国的《能源生产和消费革命战略（2016—2030）》提出，到2030年，中国能源消费总量控制在60亿吨标准煤以内。

中国已经在一定程度上履行了其能源承诺。2019年，中国水力发电占全球总发电量的30%，其他可再生能源发电则占26%。后者较以往涨幅较大，2008年这一数字仅为5%。中国电网技术的进步和电动新能源汽车的突飞猛进进一步表明，中国正致力于实现碳减排目标。

中国确定了宏伟的可再生能源目标，并积极减少经济增长过程中的碳排放强度。例如，中国在巴黎气候变化会议上承诺，力争于2030年前使二氧化碳排放达到峰值，但这些目标能否实现尚不确定。事实上，近期一项研究表明，中国的二氧化碳排放量在2030年前或会继续增长（从2015年到2030年，中国二氧化碳排放量将增加1.93亿吨）。

煤炭的作用在中国依旧不容小觑，这使得外界质疑中国的计划是否可行。中国煤炭产量占全球总量的比重保持在47%，而且中国仍在开发新矿（图2-10）。“新冠”疫情似乎更是雪上加霜，由于地方政府在经济困难时期将燃煤电厂视为就业和投资的重要来源。

预计中国将重新实施对煤炭进口的限制。尽管官方声明尚未正式确认这一点，但普遍看法是，中国将通过收紧进口规则来保护本土煤炭生产商，而从澳大利亚进口首当其冲。这将使政府采用万全之策来帮助国内市场这个就业吸纳大户。中国 2020 年将煤炭进口限制在约 2.8 亿吨，基本与 2019 年持平。

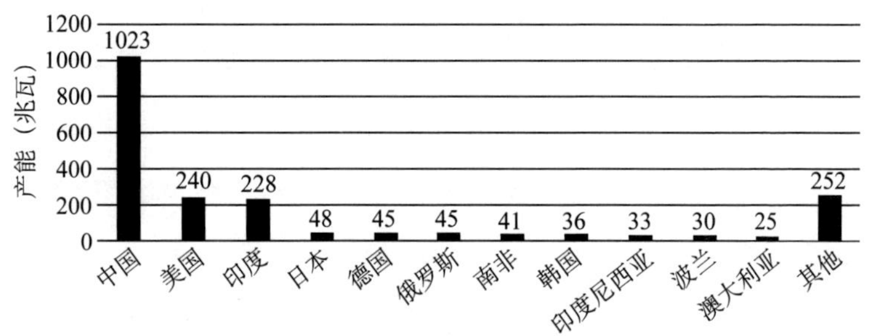

图 2-10　2020 年 7 月各国燃煤电厂产能

资料来源：《全球能源监测》

第三章 与俄罗斯的能源合作

2001 年，普京总统和江泽民主席正式签署了《睦邻友好合作条约》，这项为期长达 20 年的协议促成了双边关系的稳定发展，结束了过去紧张的双边关系，凸显了此后能源合作的契机。对经济合作的关注使中俄两国在之后二十年一直保持合作关系。

中俄关系跌宕起伏

中俄关系在苏联时期经历了数十年的猜疑和紧张关系。1989 年时任苏共总书记戈尔巴乔夫访华期间，两国达成了划定大部分争议边界的协议，此后两国关系回暖。苏联解体后，两国关系进一步改善。1994 年 5 月，两国就一项旨在促进贸易的边境管理政策达成一致。1998 年，两国承诺建立“平等信任的伙伴关系”。

然而，虽然从官方声明看两国关系正在改善，但两国仍鲜有实质性的经济和战略合作。20 世纪 90 年代，俄罗斯注意力更为偏向欧美，中俄关系并未得到商界重视。

俄罗斯因西方制裁而转变立场

2014 年初克里米亚通过公投的方式入俄罗斯，西方开始对俄罗斯实施制裁，俄罗斯政坛因此呼吁调整战略和经济政策，向亚洲，特别是中国靠拢。这一趋势在西方首次实施制裁后不久普京总统 2014 年 5 月访问上海后愈加明显，许多俄罗斯商界领袖与中国企业签署合作协议。虽然中国投资并未如外界预期那样马上激增，但这确实算是中俄能源合作的一个转折点。

起步缓慢

中俄关系在 21 世纪初开始变得紧密，两国贸易在 21 世纪头十年的中后期有了实质性的增长（图 3-1）。此时，多个俄罗斯碳氢化合物出口项目启动，推动了俄罗斯对中国的贸易出口，中国企业也开始寻求开拓日益增长的俄罗斯消费市场。

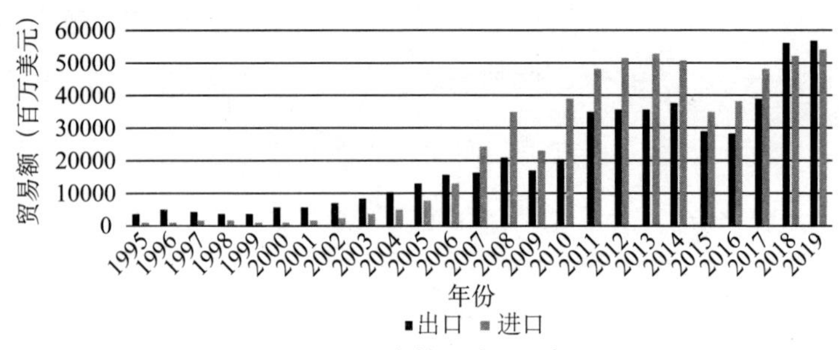

图 3-1　中俄双边贸易额

资料来源：俄罗斯联邦海关总署

俄罗斯石油公司助推变革

中国经济的腾飞使中俄两国成为理想的能源合作伙伴，俄罗斯庞大的能源储量显然与中国不断增长的能源需求相匹配。然而，在 20 世纪 90 年代和 21 世纪初，两国相关合作颇为有限。由于俄罗斯专注于出口欧洲，只有少数私营部门在探索与中国开展实质性贸易，其中以私企尤科斯石油股份有限公司（Yukos LLC）最为突出。直到 2004 年，国有控股的俄罗斯石油收购了尤科斯，与中国石油签署了为期 5 年的石油交付合同，并开始推动合作。随后几年，两国关系进一步改善，并于 2008 年达成了能源谈判机制，这一举措使两国能源合作更加制度化。

在中俄能源合作史上，2009 年建成的东西伯利亚—太平洋（ESPO）输油管道一期工程和 2019 年年底的“西伯利亚力量”输气管道意义非凡。前者通过出口基建大大降低了原油运输成本，两国石油贸易因此大幅增加。俄罗斯希望后者在天然气领域也能起到同样作用。

管道驱动的能源出口激增对两国贸易的数量和结构产生了巨大影响。尽管两国不断寻求发展农产品和矿产品等其他领域的合作，但两国贸易和投资一直被能源产品所主导（图 3-2）。

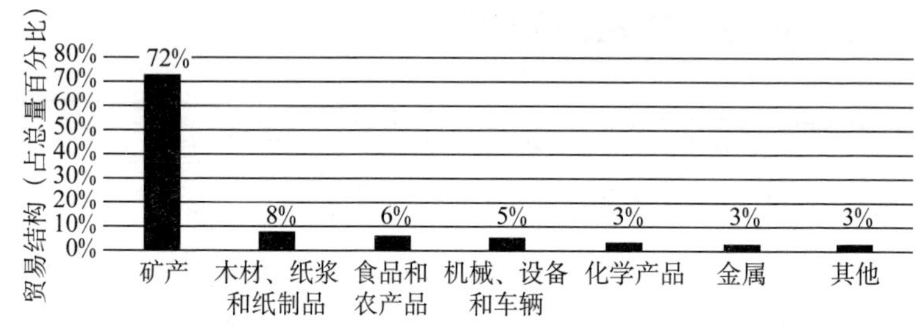

图 3–2 2019 年中俄双边贸易结构

资料来源：俄罗斯联邦海关总署

中俄石油贸易的起飞非常迅速。2009 年竣工的东西伯利亚 – 太平洋输油管道大幅降低了运输成本，但这并非唯一的助推因素。石油能够通过火车和轮船运输，而天然气不行。中国本身向天然气过渡的速度又很缓慢，国内生产的煤炭长期以来更受青睐，不过，“西伯利亚力量”的出现改变了这一点。

2014 年 5 月，俄气和中国石油签署了一份为期 30 年的西伯利亚管道供应合同。该管道于 2019 年 12 月通气，现被视为俄罗斯天然气出口增长的关键载体。根据合同，天然气供应量每年可增加到 380 亿立方米，而最近发布的《俄罗斯 2035 年前能源战略》又设定了年 800 亿立方米的目标。

随着俄罗斯与其老牌西方天然气买家关系恶化，且全球能源需求向亚洲转移，俄罗斯政府已将发展对亚洲的能源出口作为重中之重。《俄罗斯 2035 年前能源战略》将这一点视为重点，计划到 2024 年将亚太地区占能源出口的比例提升至 40%，到 2035

年提升至 50%。这一数字在 2018 年仅为 27%，所以这是一个宏伟目标。

俄罗斯的动机

俄罗斯加强与中国能源合作源于多方面动机，第一个最直接的就是经济因素。中国是全球增长最快的经济体之一，且毗邻俄罗斯油气田，是一个富有吸引力的合作伙伴，对中国的出口也有助于俄罗斯实现开发其远东地区的目标。多年以来，该地区未受重视，发展严重受阻。俄罗斯国内舆论支持与能源相关的基础设施投资，因为这可以带动出口。最后，俄罗斯因对欧洲出口受到阻碍而把目光转向中国。随着欧洲正寻求俄罗斯天然气之外的能源来源，该地区的需求不太可能增长，而中国则变得更具吸引力。

中国的动机

中俄合作是中国宏观能源安全战略的应有之义，该战略认为来源多样和价格低廉是能源供应的首要考虑。与其他来源相比，俄罗斯油气价格实惠；另一同样重要的原因是其供应相对稳定。与此同时，中国之所以渴望和俄罗斯合作，是因为它认为自己拥有议价权。俄罗斯对欧洲市场的出口似乎不甚明朗，并且在所有三个主要能源市场（石油、天然气和煤炭）都存在供应过剩，这为中国提供了可能价格实惠的供应来源。

石油部门合作

根据英国石油公司（BP）的统计年鉴，俄罗斯在 2019 年开采了 5.68 亿吨石油，这标志着该国连续第三年实现产量增长。该国石油产量自 20 世纪 90 年代末以来一直保持了相对稳定的增长（图 3-3）。

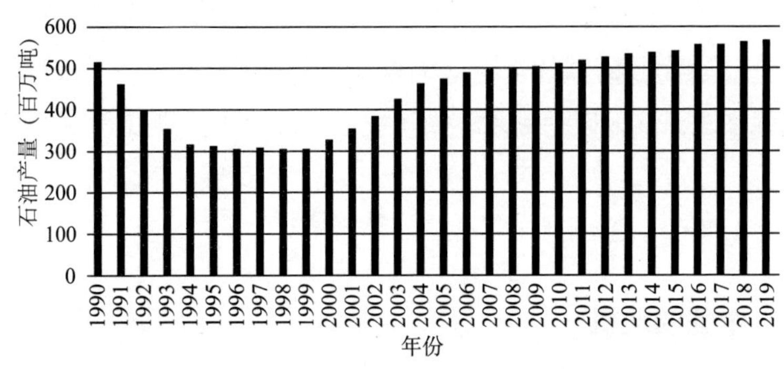

图 3-3　俄罗斯 1990—2019 年石油产量

资料来源：英国石油公司

俄罗斯政府对未来产能的预测仍然相当乐观，能源部甚至设定了到 2030 年年产量保持在 5.5 亿吨的目标。俄罗斯能否实现这一目标，最终将取决于其能否使棕色项目的产量最大化，并启动绿色项目，而这确实存在难度。最近的伊朗石油工业工程与建设公司的案例表明，2025 年之后俄罗斯石油产量将出现急剧下降，并且随着俄罗斯核心产区的老化，在没有大型新兴开发项目的情况下，石油生产或会放缓（图 3-4）。

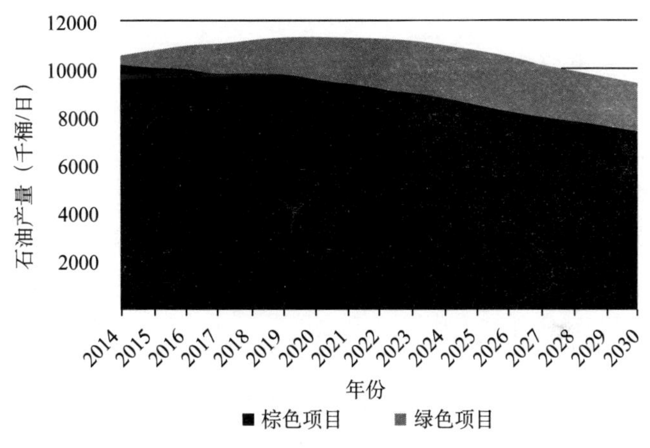

图 3–4　俄罗斯石油产量预测

资料来源：伊朗石油工业工程与建设公司

俄罗斯大量石油盈余，长期以来使其成为世界主要石油出口国之一。虽然俄罗斯之前集中向欧洲出口，但中国的经济增长吸引其调整方向。2019 年，中国占俄罗斯石油出口总额的 27%（图 3-5）。由于欧洲需求相对停滞且与俄罗斯分属不同政治阵营，未来这种转变或会更为明显。

（单位：百万吨）

图 3-5　按目的地划分的 2019 年俄罗斯石油出口量

资料来源：英国石油公司

尽管中俄能源公司为挖掘两国能源合作潜力行动迅速，但双方合作仍然不甚平衡。俄罗斯渴望向中国出口石油和石油产品，但对中国上游参与的接受度较低。由于担心太多控制权会落入中国手中，俄罗斯政府甚至在 21 世纪初期阻挠了一些中国投资。为此，中国石油巨头的上游参与大多仅限于中俄合资企业，并将重点放在发展贸易基础设施和合作上。

东西伯利亚—太平洋管道

尤科斯是俄罗斯 20 世纪 90 年代后期首批向中国出售石油的公司。1999 年，该公司同意每年向中国石化供应 50 万吨原油；2003 年，该协议期限延长至 3 年，价值达到 11 亿美元。值得注意的是，此时尤科斯也在就一条联通俄安加尔斯克和中国大庆的管道建设进行洽谈。

关于尤科斯修建中国管道的谈判取得了长足进展——在2003年与中国石油达成供应协议的同时，该公司签署了通过拟建管道运输石油的初步合同。但相关提议不止这一个，例如，俄罗斯国家石油管道运输公司提出了另一项计划，即在俄罗斯安加尔斯克和纳霍德卡之间修建更长的管道。这条线路本成本更高，为52亿美元，但它将俄罗斯与多个终端市场（如日本和中国）联通起来。俄罗斯政府似乎更倾向于后者，不过两条管道都被俄罗斯自然资源部以环境保护为由否决了。

2004年12月31日，俄罗斯总理弗拉德科夫批准东西伯利亚—太平洋管道项目，管道石油出口再次有望激增。俄罗斯石油公司负责供输油管道油，而俄罗斯石油管道运输公司负责管道建设。2008年金融危机期间这两个公司的财务遭受冲击，这一项目曾一度受到质疑。不过，中国石油和国家开发银行向俄罗斯石油提供了150亿美元贷款，向俄罗斯石油管道运输公司提供了100亿美元贷款，以保障未来30年的原油供应，推动俄罗斯直接向中国输送石油。

东西伯利亚—太平洋管道于2009年12月开始通油，但此时管道建设尚未完工。俄罗斯交付的是从泰舍特到斯科沃罗季诺（均在俄罗斯境内）的第一阶段管道（东西伯利亚—太平洋管道-1），年运力为3000万吨，这意味着向中国运输石油依然需要通过铁路或是油轮。因此，在 21 世纪头十年，俄罗斯继续努力使其输油管道达到设计运力。2011 年，通往中国边境城市漠河的中俄输油管道建成运营，运力 1500 万吨。2012 年，俄罗斯完成了东西伯利亚—太平洋管道 -2（至港口科兹米诺）的初步建设。

俄石油承诺增加供应，且中国石油需求不断增长，因而东西伯利亚—太平洋管道仍在扩建。

东西伯利亚—太平洋管道对俄罗斯石油工业产生了重要影响。它为俄罗斯石油出口提供了一条更高效的路线，因而刺激了俄罗斯石油出口（图 3-6）。不过，这条管道也使俄罗斯石油出口在此后向东转移。中国市场为俄罗斯东部和远东的丰富石油储藏提供了出口契机，这些地区的上游开发因此得到推动，而欧洲市场则相对冷淡。随着这些管道建设的推进，图 3-6 的趋势（对中国的出口将一路攀升）应该会愈加明显。

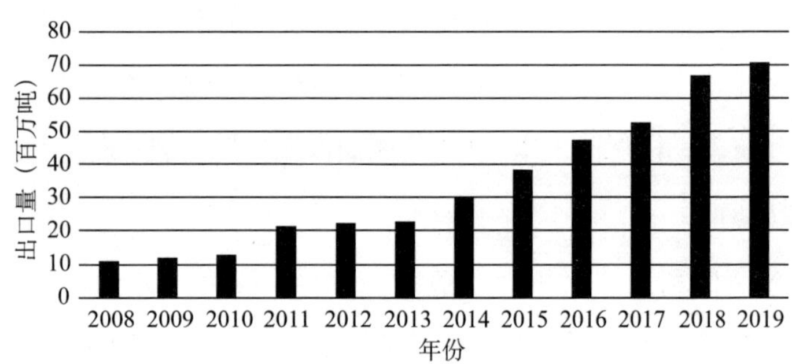

图 3–6　俄罗斯对中国的原油出口

资料来源：俄罗斯联邦海关总署

纠纷

俄罗斯能源出口向东快速扩张的风险是俄罗斯仅有一个忠实买家。日韩也采购俄罗斯能源，但与中国的需求相比则相形见绌。因此，观察家长期以来一直认为，俄罗斯最终可能会在价格上受到挤兑。这样的价格纠纷在东西伯利亚—太平洋管道运营后不久便出现了，因为中国石油声称俄罗斯石油运输公司的运输和物流成本（影响最终价格的一个因素）被高估了。随后，中国石油开始每桶少付 13 美元，这如果继续下去将使俄在合同期限内损失 300 亿美元。两国最终达成协议，中方偿还欠款，俄方给予中国石油每桶 1.5 美元的折扣。通过这一事件可以窥见两国能源交易中的龃龉。

鲜为外界所知的是，中国在开发其输油网络方面的进展相对缓慢，这构成了管道输油的另一个挑战。虽然俄罗斯大力开展运输能力建设，但中国最初通过东西伯利亚—太平洋管道获得的能源远远低于计划，因为其北部边境的管道建设乏力。因此，两国大幅依赖铁路和油轮运输等路线。2018 年 1 月，中国完成了复线管道建设，将其东西伯利亚—太平洋管道原油运力翻了一番，达到 3000 万吨，从而解决了这一问题。

其他路线

东西伯利亚—太平洋管道网建成后，中俄大部分石油贸易会经由俄罗斯东部地区运输。除此之外，还有其他几条路线，主要有东部港口科兹米诺湾（Kozmino Bay）、德—卡斯特利（De-Kastri）和普里戈罗德诺耶（Prigorodnoye）。与俄罗斯签署协议的哈萨克石油运输公司（KAZTRANSOIL）可以补充俄罗斯管道运力，向中国转运石油。此外，中国需要通过俄罗斯波罗的海港口获取乌拉尔原油。

挑战

尽管“新冠”疫情对经济造成冲击，但俄罗斯对中国的石油出口仍居高不下。中国加大了对乌拉尔原油的购买力度，这一度使得俄罗斯超越沙特阿拉伯成为中国头号原油供应国。此外，2020 年 1—6 月通过科兹米诺港对亚太地区的石油出口量同比增长 5%。

展望未来，俄罗斯对中国的石油出口是否具有韧性目前还是未知的。俄罗斯远东地区科兹米诺的东西伯利亚—太平洋管道混合原油海运出口量在下降。尽管有人认为这仅仅是由于俄罗斯炼油厂的需求回升和俄罗斯履行欧佩克 + 协议义务，但原油出口价格的下跌表明，中国的需求增长正在放缓。值得注意的是，2020

年 7 月出炉的各个报告显示，俄罗斯东西伯利亚—太平洋管道原油的现货溢价较上月减少了一半以上。

2020 年 7 月，有披露称中国国有炼油巨头（中国石化、中国石油、中国海油和中化集团）正在就共同购买原油进行高级谈判，此消息也引起了俄罗斯的关注。这样的安排可能会增加炼油厂的议价能力，并帮助它们避免竞标战，这将打击俄罗斯原油价格。到目前为止，据信这四大巨头将首先在现货市场上集体投标某些俄罗斯和非洲等产地的石油。

2020 年 7 月，俄气宣布向中国出售第一批北极石油。这批 14.4 万吨的货物运抵烟台港，总耗时 47 天。此前，俄罗斯在该地区的液化天然气经由北海航线运输，并在摩尔曼斯克转运。

中国的石油消费的增长最终取决于其进口需求。中国的石油生产仍很难满足自身需求，所以进口需求预计将保持强劲。俄罗斯最新修订的《2035 年前能源战略》指出，到 2035 年，在亚太地区中国能源出口可能占总量的半壁江山。

生产合作

中国对俄罗斯上游生产的参与以 2014 年为分水岭划分为两个阶段。2014 年前，也就是西方国家对俄罗斯实施制裁之前，俄罗斯可以依赖西方国家投资和技术支持，所以不愿将宝贵的上游控制权交给中国。2002 年，中国石油竞标控股权，俄罗斯议会（杜马）竟阻挠交易。不过，2014 年以来，俄罗斯经济相对处于孤立状态，对中国投资上游转为开放态度。2015 年，这一转变更为明显，俄罗斯一位副总理表示，俄罗斯或允许中国公司在油气领域控股。

早年，俄罗斯不愿中国进入上游，中国石油巨头同俄罗斯石油开采部门最紧密的合作是为俄罗斯伙伴提供融资支持。第一笔是中国石油 60 亿美元的石油预付款，俄石油因此获得了收购尤科斯石油公司下属企业尤甘斯克的再融资。中国因此获得了为期 5 年的石油交付合同，这反映了中国对能源安全的重视。该合同规定，俄石油同意到 2010 年向中国出口 4880 万吨石油。

尽管俄罗斯官员经常表示反对中国进入上游，但中国石油巨头确实做了相关尝试。2006 年，中国石油试图认购俄石油首次大额公开募股股权。然而，该交易因克里姆林宫拒绝向中国石油出售超过总股本 0.62% 的股票而夭折。俄罗斯立场非常明确——对特定的商业协议持开放态度，但不会交出关键资产。

针对这种情况，中国的石油公司转而与俄罗斯公司寻求上游资产合作，如俄石油与中国石化合作竞购乌德穆尔特（Udmurtneft）。作为俄英合资秋明英国石油公司（TNK-BP）旗下的石油生产部门，乌德穆尔特长期以来一直是俄石油的目标，但俄石油苦于缺乏资金。这样一来，中国石化收购乌德穆尔特石油公司股份后，俄石油将向中国石化收购其中 51% 的股份，支付资金来自乌德穆尔特油田的未来收益。这一收购俄罗斯上游资产的安排被俄罗斯高层所认可。

中国投资者热情不高

如果说俄罗斯似乎已开始寻求中国上游投资，那么中国自 2014 年以来则并未显露同样的热情。双方虽已达成几项谅解备忘录和初步协议，但实际开展的共同投资却有限。为此，俄罗斯已开始考虑他国投资。例如，2015 年，俄石油同意将俄罗斯第二大石油生产开发商万科尔石油公司（Vankorneft）的股份出售给印度国有石油天然气公司（ONGC Videsh），而就该交易俄罗斯此前曾与中国石油进行过商榷。

上游合作回暖缓慢的原因尚不清楚。对逐渐被孤立的俄罗斯公司，中国企业可能持观望态度，期望因此获得更好的合作条件。与此同时，西方已经实施的制裁可能会导致中国企业重新考虑在俄罗斯进行重大投资的影响。

油田服务似乎是两国合作更多的领域。西方制裁削弱了俄罗斯购买油田设备和技术的能力，导致其转向中国，两国达成的主要协议包括俄石油与烟台杰瑞石油服务集团股份有限公司（Jereh）签订的合同和与中海油田服务股份有限公司（COSL）

达成的协议。前者规定为俄石油公司子公司尤甘斯克提供受西方制裁限制的水力压裂和柔性油管设备，后者规定为俄石油和挪威国家石油公司控制的马加丹近海油井提供设备和人力支持。

俄石油公司是主要合作伙伴

中俄能源公司合作在当下日益密切，其中一个显著特征就是俄石油公司的主导作用。俄石油向东西伯利亚—太平洋管道提供石油，该公司在首席执行官伊戈尔·谢钦（Igor Sechin）的领导下似乎在两国石油贸易中一家独大。虽然许多俄罗斯企业向中国出口，有的甚至与中国合作伙伴建立了密切的联系——例如，卢克石油公司（Lukoil）于 2007 年与中国石油签署了战略合作协议，但在与俄罗斯上游合作方面，俄石油占据大半江山。事实上，卢克石油公司出口中国的主要产品是源自乌兹别克斯坦气田的天然气，而非石油。

尽管有并购乌德穆特这样的小规模收购，但能源合作的主要领域依然是融资。2013 年，俄石油并购了俄英合资秋明英国石油公司。正如收购尤甘斯坦那样，俄石油起初为该交易提供短期贷款融资，而后与中国公司通过预付款安排进行再融资。俄石油同中国石油和中国石化达成的协议规定，俄石油每年需要增加 2500 万吨的石油出口，以换取中国石油 650 亿美元和中国石化 100 亿美元的预付款。

2017 年 9 月，中国华信能源有限公司（CEFC）（以下简称中国华信）宣布将认购俄石油 14% 的股份，这给备受西方强力制裁的俄罗斯政府打了一针强心剂。一年之后，中国华信的首席执行官因经济犯罪而被调查，公司随之解散，该笔交易无疾而终。虽然这起事件渐渐淡出公众视线，但交易的终结令俄石油大失所望。俄罗斯政府此前回绝了中方认购俄石油股份的请求，现在却无法再将中国拉回谈判桌前。昔日伙伴已经不复存在，没有一家持有该公司资产的中国国企愿意继续该交易。

“华信事件”使得中俄能源关系受到冲击，但两国很快就表示愿意继续推进合作。尤值一提的是，俄石油和中国石油 2018 年 9 月签署石油勘探和生产合作协议。与以往的贸易导向交易不同，这份协议规定，中国石油有机会认购俄石油在东西西伯利亚油气项目的股份。尽管现在看来还没有任何大宗交易达成，但双方联系因此得到巩固。

天然气合作

从中国石油最新发布的《世界与中国能源展望》可以看出，中国市场需求将保持坚挺。中国一次能源需求现在是 33 亿吨 / 年，预计 2040 年将升至 39 亿吨，2050 年略微下降至 38 亿吨。对俄罗斯来说关键的一点是，在中国能源需求上升的同时，天然气在中国能源结构中的比重开始上升。中国正减少对煤炭的依赖，将天然气作为清洁替代能源。中国石油预计，截至 2050 年，天然气将占中国能源需求总量的 17%（图 3-7）。

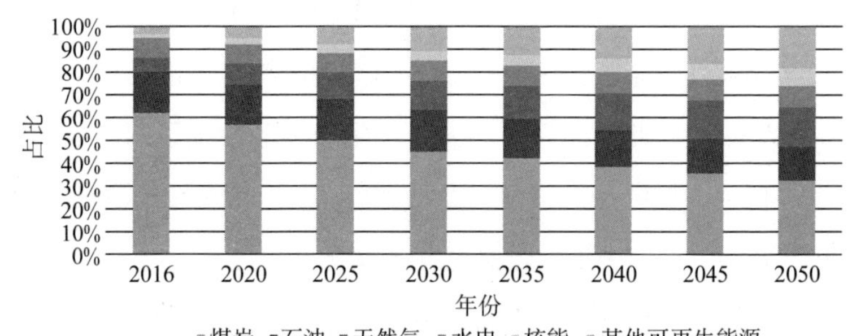

图 3-7　中国一次能源需求结构预测

资料来源：中国石油

俄罗斯天然气产量在历史上一直保持相对稳定（图 3-8）。但随着新项目的落地，俄罗斯能源产量在过去数年大幅增加。最近发布的《俄罗斯 2035 年前能源战略》表明，这种上涨趋势会持续下去，俄罗斯 2035 年的天然气产量上下限预计分别为 1 万亿立方米和 8600 亿立方米。

地方石油需求增速预计将超过产能增速，这对出口会产生连锁效应。据《俄罗斯 2035 年前能源战略》预测，管道天然气和液化天然气出口总量到 2035 年最高可达 4900 亿立方米 / 年。据此预估，俄罗斯天然气年出口总量到 2035 年最低也会从目前的

2570 亿立方米上升到 3630 亿立方米。

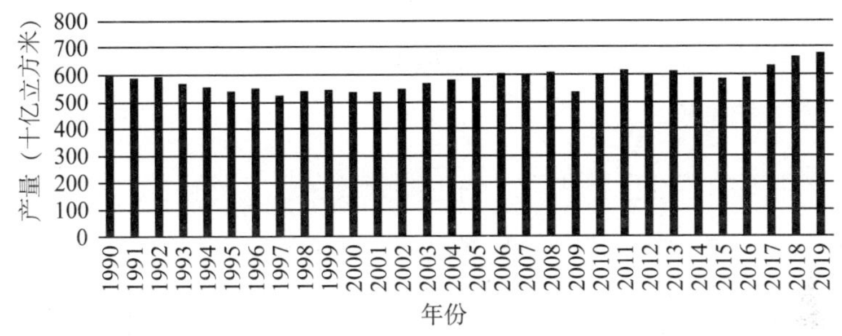

图 3-8 俄罗斯天然气生产

资料来源：英国石油公司

这些互补的趋势（中国需求的上升和俄罗斯产量的增长）很可能促进两国天然气贸易的增加。的确，随着新的基建促进俄罗斯对中国的油气出口，这种预期正影响两国能源战略。

中国的能源巨头为两国贸易发展摩拳擦掌，采取了明确的贸易渠道多样化战略。“西伯利亚力量”管道构建了与俄气的坚实关系。但这些中国公司也支持并表示愿意和液化天然气项目的竞争对手诺瓦泰克和俄石油开展交易。这种理念有利于中国，使其可以达成有利协议。

俄气引领中俄合作

俄气引领了早期中俄天然气合作。该公司垄断了俄罗斯天然气出口，这一点已写入法律，并在俄罗斯天然领域占据主导地位——即便今天，它依然占俄罗斯国内天然气产量的 68% 和俄罗斯天然气储量的 71%。俄气也希望同中国合作，共商管道和液化天然气出口事宜。

中国的石油巨头和俄气的主要分歧在于上游发展。中国的国际战略是购买上游资产的股权收益。但俄气马上回绝了此种诉求（该公司一直排斥外国合作伙伴的参与）。因此，该公司同中国的合作除了贸易之外仅限于融资，包括 2015 年与中国五大银行达成 15 亿美元俱乐部贷款协议、2016 年同中国银行达成 20 亿美元贷款协议。

俄气本有望引领本国液化天然气产能的发展，但终因种种问题而进展迟滞。因此，俄罗斯政府批准了另外两个液化天然气项目：诺瓦泰克的亚马尔液化天然气项目和俄石油的远东液化天然气项目。这两个项目及其获批出口许可意味着政府终结了俄气的出口垄断局面。

诺瓦泰克的出现

俄罗斯授予诺瓦泰克和俄石油出口许可证这一决定为中国企业进入俄罗斯油气业务上游提供了新的契机。中国石油迅速出手，在 2014 年 1 月同意收购亚马尔液化天然气公司 20% 的股份。随后，该公司达成了一份为期 20 年的销售协议，而中国的“丝路基金”在 2016 年又收购了该公司 9.9% 的股份。

诺瓦泰克并未料到中国企业只会带来“空头支票”，并很快发现资金迟迟不到位。在宣布股权交易后，“丝路基金”提供了 7.3 亿欧元的小额贷款，但几个重要资金的到账期限一再推迟。这意味着亚马尔液化天然气合作伙伴最初必须提供 125 亿美元的股权融资，并由俄罗斯国家福利局提供 23 亿美元贷款。

中国的资金支持最终在 2016 年兑现，当时国家开发银行和中国进出口银行各自提供了 15 年期贷款（分别是 93 亿欧元和 13 亿欧元），但这些贷款都附带对中国有利的特定条件。值得注意的是，据信他们确保该项目将使用大量中国设备。虽然主要技术仍来自美国，但大部分工作都由中国企业承担。

亚马尔液化天然气公司的发展得益于俄罗斯多项支持措施，如大幅税收优惠（例如零出口税、矿产开采税免税期和较低的利润税）和周边基础设施建设融资。在随后的交易中，中国似乎在打造类似的优势，力求使中国投资背后都有国家支持。

俄罗斯石油开始关注天然气

俄罗斯石油还有意进行上游合作。2017 年，中国北京燃气集团有限责任公司（以下简称北京燃气集团）以 11 亿美元购买俄石油子公司上乔（Verkhnechyonskneftegaz）20% 的股份。该油田目前每年生产 850 万吨石油。然而，鉴于该油田天然气储量巨大，其生产预计将很快拓展到天然气领域。两国除了上游交易还开展了更广泛的合作，如俄罗斯石油和北京燃气集团两家公司同意于 2018 年成立一家合资企业，在俄罗斯建设和运营加气站网络。

下游合作

中国企业还获得多个俄罗斯公司下游项目股权投资。中国炼油工作的重心仍在国内，该国石油巨头更倾向于将这项高附加值流程在国内完成，不过有几项俄石油生产重大交易已经开展。

俄罗斯最大石化集团西布尔控股有限公司（Sibur）（以下简称西布尔）已经同中国开展了紧密合作。中国石化于 2015 年以 13.4 亿美元认购了该公司 10% 的股份，中国的“丝路基金”于 2016 年认购了该公司 10% 的股份。这些股权投资助推了西布尔和中国石化的大规模合作。比如，两公司于 2019 年同意由西布尔子公司西西伯利亚（ZapSibNeftekhim）石化综合体为中国供应聚乙烯，以及商定由中俄合资企业生产氢化聚苯乙烯 - 乙烯丁烯无规共聚物 - 聚苯乙烯三嵌段共聚物（SEBS）。

这些股权交易并非西布尔和中国的首次合作。2013 年，中国石化同西布尔合资成立克拉斯诺亚尔斯克市合成塑胶厂（Krasnoyarsk Synthetic Rubbers Plant），中国石化持有该项目的 25%+1 股。同时，双方经过商讨于 2015 年在上海化学工业园合资建设了一个丁腈橡胶厂。

双方合作的另一个里程碑是俄罗斯远东的阿穆尔天然气化工综合体（AGCC）。2019 年，俄罗斯宣布该项目将与中国石化合资完成，后者持 40% 股份。2020 年 6 月，双方签署股东协议。该合资项目一经西布尔批准就会生效，并于 2024 年竣工。届时，其年聚乙烯产量将达 230 万吨，年聚丙烯产量将达 40 万吨，其中大部分将出口中国。

“西伯利亚力量”管道

2013 年，俄气和中国石油签署东部运输管道路线的协议。2014 年，双方在此基础上进一步签署了为期 30 年的买卖协议，天然气年供应量达 380 亿立方米。这助推了酝酿已久的“西伯利亚力量”的发展，俄气正是通过这一管道从俄罗斯远东油田向中国输送能源。该管道耗费巨资，于 2019 年 11 月 2 日投运。

尽管俄气拒绝中国参与上游，但其过去对中国融资的开放性导致一些人认为，中国将为“西伯利亚力量”管道提供资金。尽管如此，俄气在为其通往中国的石油管道筹资时，曾短暂使用过类似于俄石油预付款概念的贷款方案，但该公司最终还是选择了俄罗斯政府提供的成本更低的融资。

该项目的主要障碍之一是定价。当谈判正式开始时，俄气致力于制定与石油挂钩的定价策略，而中国不愿长时间采用成本较高的定价机制。双方最终达成妥协，同意俄罗斯天然气定价参考用于上海天然气定价的同一石油和石油产品基准。据信，此价格对中国非常有利。如图 3-9 所示，俄罗斯边境天然气或是中国购买的价格最低的天然气之一。

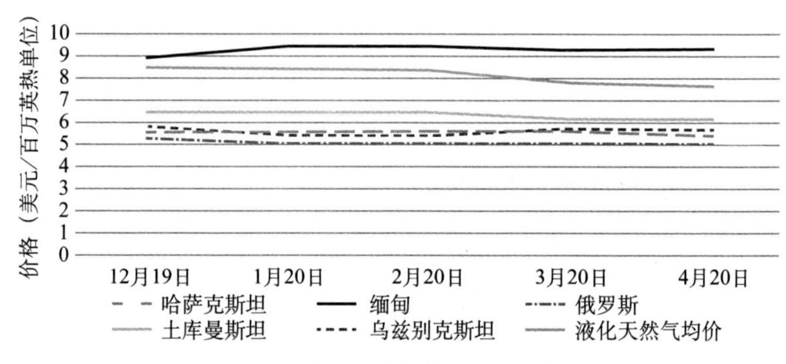

图 3-9　中国天然气进口定价

资料来源：牛津能源研究所

“西伯利亚力量”管道出口的天然气由俄罗斯远东和东西伯利亚气田供应，包括四大资产：

（1）雅库茨克中心，储量为 2.2 万亿立方米；

（2）伊尔库茨克中心，储量为 3.4 万亿立方米；

（3）克拉斯诺亚尔斯克中心，储量为 1.3 万亿立方米；

（4）萨哈林岛和堪察加半岛，储量逾 2 万亿立方米。

其中，雅库茨克中心率先上线，恰扬金斯科耶（Chayandinskoye）气田于 2019 年 8 月实现商业天然气生产。伊尔库茨克的科维克季斯克（Kovyktinskoye）气田从 2022 年年底开始增产。届时，两个气田年产量将达到 500 亿立方米，足以满足“西伯利亚力量”管道的需求。

俄气负责建设中俄输气管道的俄罗斯国内部分，而中国石油负责中国国内的管道建设。该管道已分不同阶段开工：华北市场的北段于 2019 年 4 月竣工；京津冀地区的中段于 2019 年夏季开工；管道的最后一段，即南段经过山东和江苏，通抵上海。

2020 年 7 月，中国石油天然气管道公司宣布管道南段建设已经开始。目前，该管道计划于 2025 年通气，年运力达 189 亿立方米。

2020 年 4 月爆发的“新冠”疫情对“西伯利亚力量”管道构成严重威胁，当时恰扬金斯科耶气田多达 3000 名工人确诊。在该地区实施封锁后，承包商叫停了所有工程。然而，报告显示，即使在工作人员减少的情况下，气田生产仍继续保持正常水平。

提升运力的计划

“西伯利亚力量”管道日输气量已达到约 1000 万立方米（365 亿立方米 / 年）。尽管这一数字低于预期，但预计会逐渐攀升，俄气对前景持乐观态度。2020 年 6 月，俄气首席执行官阿列克谢·米勒（Alexei Miller）提议将年产能扩大到 440 亿立方米，这符合该公司的宏观战略。

如果说俄罗斯在“西伯利亚力量”管道建设方面态度明确，那么中国的需求则颇具争议。中国的天然气需求将继续增长，但由于手握多种选择（如液化天然气和中亚天然气）（图 3-10），这是否会转化为对俄罗斯天然气的需求还有待观察。近期液化天然气价格的下跌令俄罗斯担忧。分析人士认为，中国可能倾向于进口液化天然气现货以满足其中期需求。俄罗斯天然气价格在中

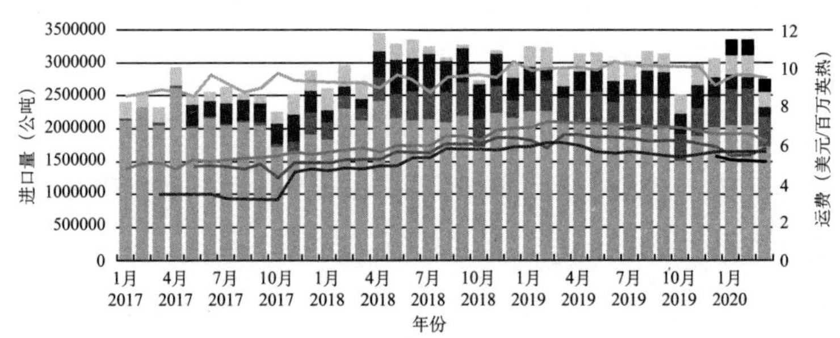

图 3-10　中国管道天然气进口结构

资料来源：安迅思

国北部颇具竞争力，而液化天然气则在南部更具优势，因为天然气运输成本很高。

“西伯利亚力量 -2”

尽管中国的需求前景堪忧，俄罗斯还是在 2020 年中建设了另一条通往中国的管道“西伯利亚力量 -2”。俄气曾透露，该线路可能在 2030 年启动，每年将从俄罗斯储量丰富的西西伯利亚气田出口 500 亿立方米天然气，从中国东北部进入中国，毗邻北京等关键市场。

俄气在 2020 年夏修订了“西伯利亚 2 号”计划，聚焦路线调整。俄罗斯此前倾向于从新疆进入中国的路线，但中国以物流因素（例如，远离东部主要消费地区，与中亚竞争中国境内西气东输管道系统的空间）为由表示反对。与此同时，俄气计划将年产能从 300 亿立方米提高到 500 亿立方米。

俄气之所以感到事态紧迫并修改计划的一个潜在诱因，是“新冠”疫情期间欧洲需求的下降。由于主要出口市场需求可能会在一段时间内下滑，俄罗斯开始将目光转向不断增长的中国市场，这也体现了俄气在管道路线上的灵活度。

尽管俄罗斯充满热情，但管道建设以目前的状态来看似乎不太可能如期完工。此外，“西伯利亚力量”管道尚未达到最高输气能力，所以似乎并无必要大幅增运。由于中国进口的液化天然气价格低廉，而且之前中俄天然气交易的经验表明这些项目非常复杂，该管道建设项目短期之内恐难取得进展。

液化天然气

对于俄罗斯来说，管道天然气仍然是其优先事项，占天然气出口总量的绝大部分。然而，亚太地区由于长期缺乏管道路线而更为倚重液化天然气运输。如图 3-11 所示，中国液化天然气进口依然有限。不过，俄罗斯新的液化天然气运输设施预计将在未来几年上线，而中国拥有强大的再气化能力，相关需求或会上升。

图 3-11 2008—2019 年俄罗斯对中国天然气出口情况

资料来源：英国石油公司

尽管 2020 年俄罗斯对中国的管道天然气出口表现不佳，但液化天然气出口已有积极进展。例如，俄罗斯于6月向中国运送了396000吨液化天然气，比上月增加了20%，而2019年同期仅为67000吨。值得注意的是，这也使得俄罗斯在中国液化天然气供应商的排名中超越美国。

俄罗斯有三家大型液化天然气公司：俄气、诺瓦泰克和俄石油。前两者有运营设施，俄气的“萨哈林-2”设施于2009年启动；诺瓦泰克的亚马尔液化天然气项目于2017年开始生产；俄石油的远东液化天然气项目仍在如期推进，但比其他举措略为滞后。

“萨哈林-2”

“萨哈林-2”液化天然气项目于2009年投产，由俄气和壳牌共同持股的萨哈林能源投资有限公司运营。该项目拥有两条生产线，其年产能为960万吨，但2019年年产1100万吨。从其地理位置看，该项目专注于亚洲市场。2009年4月，该项目首批货物运往亚洲。它在2019年前一直是亚洲市场的最大俄罗斯液化天然气出口商，如图3-12所示。

该公司推进的项目早已不止“萨哈林-2”。其计划在萨哈林工厂扩建第三条年产能500万吨的生产线，并已推动在符拉迪沃斯托克建设液化天然气设施这一旗舰项目。然而，这两个计划都遇到了困难。“萨哈林 -2”被搁置；符拉迪沃斯托克液化天然气设施生产用于日本海燃料加注船的液化天然气，产能从原计划的1500 万吨降为现在的 150 万吨。

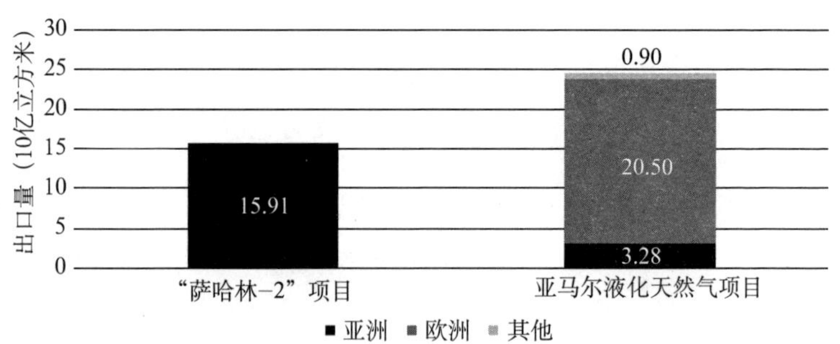

图 3–12　2019 年俄液化天然气出口量（按设施和目的地）

资料来源：德慧公司

亚马尔液化天然气项目

亚马尔液化天然气项目（诺瓦泰克的旗舰项目）于 2017 年年底上线，耗资 270 亿美元，年产能 1650 万吨。不过，该项目很快就实现了突破，仅在 2019 年就输送了 1840 万吨天然气。

亚马尔位于俄罗斯北极地区，毗邻欧亚市场，加上北海航线缩短了通往亚洲的时间，所以此项目颇具优势。到目前为止，它主要面向欧洲市场，但亚洲，尤其是中国，对其仍有特殊意义（图 3–13）。该项目近 30% 的股权由中国投资者持有，中国石油（两家中方股东之一）也签订了每年至少 300 万吨的长期认购合同。

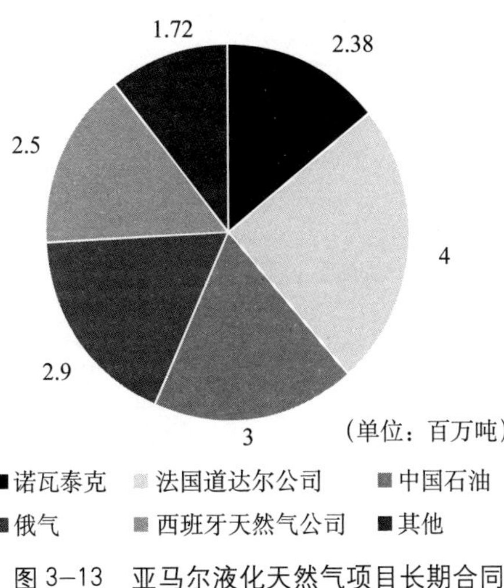

图 3–13　亚马尔液化天然气项目长期合同

资料来源：俄罗斯商业日报，汤森路透

北海航线的重要性

亚马尔液化天然气项目取得长期成功的一个关键因素是通过北海航线进入中国和亚洲市场。随着北极变暖，专用于亚马尔项目的液化天然气运输网将穿越北极，规避了交付时间冗长的传统西方路线。

2019 年 9 月，该网络遭受重创，中国液化天然气运输（控股）公司（China LNG）和堤客液化天然气（Teekay LNG，Seapeak）合资企业供应了大量服务亚马尔的船舶。由于美国对中国托运公司中国远洋运输有限公司（COSCO）实施制裁，而该公司持有中国液化天然气运输公司 50% 的股份，所以堤客也被视为“被封禁法人”。最终，该公司通过所有权重组避免了严重后果，这再次表明该项目因制裁俄中实体而面临障碍。

2019 年 6 月，诺瓦泰克宣布与中国石化和俄气银行创立合资企业，进军中国液化天然气和天然气市场。该合资还提议在中国投资和天然气相关的项目。

亚马尔的扩建

亚马尔鼓励诺瓦泰克公司开发更多液化天然气产能的计划（图 3-14）。目前，它还有另外两个主要项目：“北极 -2”和奥布斯基。奥布斯基规模较小，或独立运作，而“北极 -2”规模更大，预估产能为 1980 万吨，已有其他投资者参与。值得注意的是，其 20% 的股权由两家中国公司（中国石油和中国海油）持有，二者各持 10% 的股份，这些项目预计将增加诺瓦泰克公司的产出。

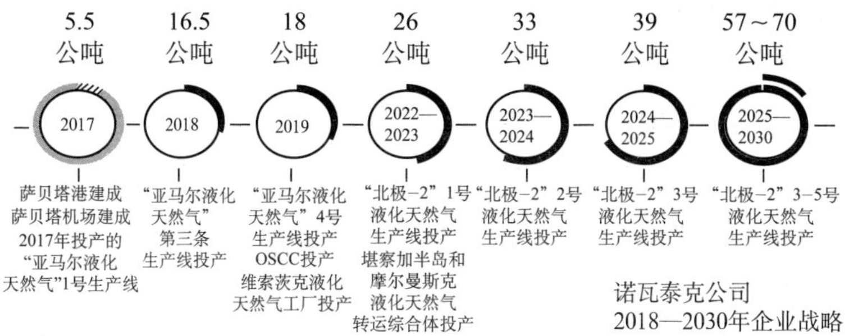

图 3-14　诺瓦泰克公司生产展望

资料来源：诺瓦泰克公司

俄石油的液化天然气规划

俄石油的液化天然气项目位于萨哈林岛，因此与俄气的萨哈林业务在一定程度上联系密切。此前，甚至有人建议将俄石油开采的天然气在俄气设施中转化为液化天然气形式，但此类合作未取得进展。2019 年，俄石油首席执行官伊格尔·谢钦（Igor Sechin）宣布，“萨哈林 -1”项目的股东已决定将天然气转为液化天然气，并在哈巴罗夫斯克建造一座产能为 6.2 吨的液化天然气厂。这一决定还将重点放在亚洲市场，所以中国也有参与的机会，据报道，中国石油旗下的寰球工程公司正准备竞标远东液化天然气项目配套设施的工程、采购和施工（EPC）合同。

煤炭合作

全球环保运动的兴起对煤炭行业造成冲击，这促使各国承诺减少重污染能源的使用和生产。在这种背景下，俄罗斯显得有些格格不入。俄罗斯政府拒绝放弃煤炭（图 3-15），并在《俄罗斯联邦 2035 年前煤炭工业发展规划》中承诺将煤炭的产量和出口量增加 50%。

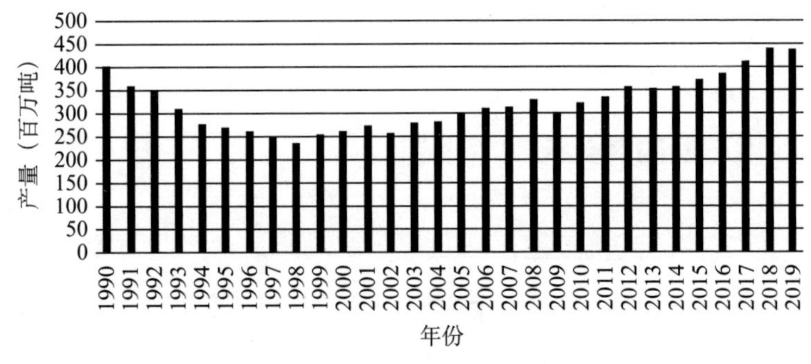

图 3-15 俄罗斯煤炭产量

资料来源：英国石油公司

在意识到欧洲对煤炭的需求可能会下滑后，俄罗斯将其大部分煤炭运往亚洲。该国远东贸易数据显示，在俄罗斯 2019 年通过远东地区运输的货物中，煤炭和焦炭占 46%。这一趋势可能会持续下去，普京总统呼吁到 2025 年将俄罗斯向东运输的煤炭增加一倍。

中国是俄罗斯在亚太地区最大的客户。如图 3-16 所示，煤炭贸易近年才开始——2008 年前，俄罗斯出口中国的煤炭数量很少，而从 2009 年开始，对华煤炭出口猛增。

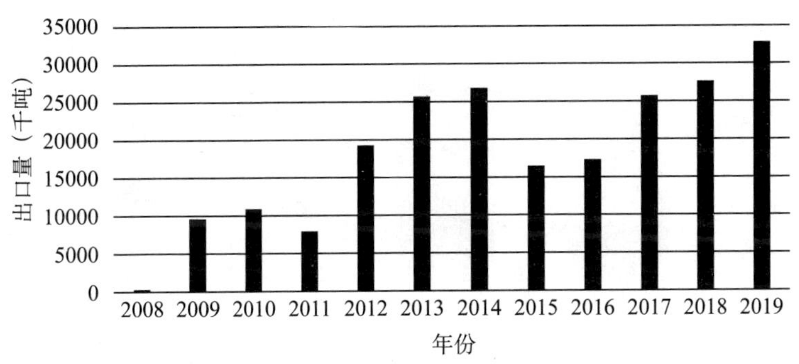

图 3–16　俄罗斯对中国煤炭出口量

资料来源：俄罗斯联邦海关总署

2019 年，俄罗斯被列为世界第三大煤炭出口国，仅次于澳大利亚（第二）和印度尼西亚（第一）（图 3–17）。俄罗斯在全球煤炭贸易中的作用同印度尼西亚一样，在 21 世纪前 10 年实现了良好增长。虽然俄罗斯在 20 世纪 90 年代曾是主要出口国，但在 21 世纪初已不同往夕。之后，中国需求的增长重振了该国的煤炭行业。

相对于其他出口国，俄罗斯煤炭出口仍然相对多元化。中国是俄罗斯煤炭进口大国，其行情对于俄罗斯煤炭行业的长期增长仍至关重要。到目前为止，俄罗斯表示将保持两国贸易发展势头，俄罗斯能源部计划在未来 10 年内对中国的煤炭出口翻一番，达到 5500 万吨。但是，中国决心减少煤炭使用，且国内产量保持高位，所以两国煤炭贸易面临的挑战仍不容小觑。

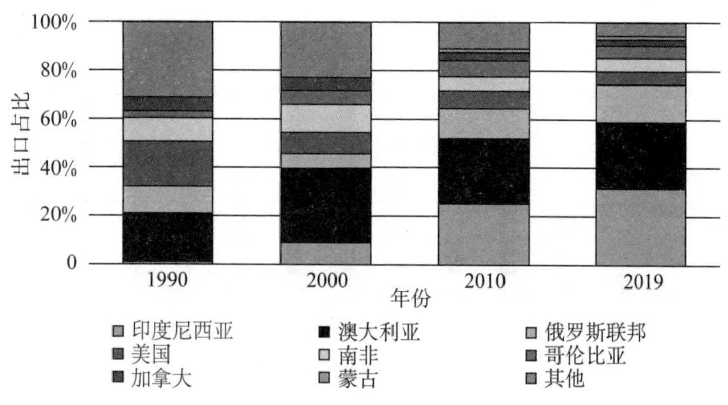

图 3-17 全球煤炭出口份额

资料来源：国际能源署

出口合作

2010 年，中俄签署了"贷款换煤炭"协议。根据该协议，中国向俄罗斯提供 60 亿美元贷款，换取俄罗斯未来 25 年对华煤炭供应，这使得俄罗斯煤炭出口激增。该举措旨在促进俄罗斯基础设施和设备投资，使俄罗斯煤炭年出口量在 2015 年前增至 1500 万吨，之后 20 年不低于 2000 万吨。

中国突然购买俄罗斯煤炭的主要原因是国内标准在 21 世纪初

开始发生变化。尽管中国煤炭需求依然强劲，但政府提高了环保标准，许多小煤矿被迫关闭。

2015 年 1 月，中国开始禁止进口高灰分和硫含量的煤炭，并重新征收煤炭进口税。这对进口俄罗斯煤炭产生了巨大影响。由于俄罗斯出口商没有及时调整标准，中国自俄罗斯进口煤炭在 2015 年和 2016 年降至 2014 年的近一半。2017 年，俄罗斯煤炭出口恢复到正常水平，并自此保持增长。

2020 年，中美澳之间的紧张局势急剧升级，澳大利亚是对中国采取强硬立场的国家之一，煤炭行业受到牵连。由于澳大利亚此前是中国的主要供应国，这一转变使俄罗斯抢占了更多中国市场份额。

关税政策是此前澳大利亚在煤炭贸易领域超越俄罗斯的原因。中国在 2014 年对煤炭征收的进口关税覆盖所有煤炭贸易，但中国、澳大利亚和印度尼西亚的自由贸易协定使这些国家的出口商受到豁免。长期以来，这种差异一直为俄罗斯所诟病。据报道，中俄正商讨废除这一政策。虽然此事进展仍不明朗，但随着中国寻求不再依赖澳大利亚煤炭，中俄煤炭贸易或会得到提振。

生产合作

21 世纪头 10 年中国煤炭进口的迅速增长对俄罗斯煤炭生产

影响巨大。由于该行业此前发展一直低迷，中国的进口需求推动了俄罗斯煤炭产业 2010—2018 年期间产量的快速回升。

虽然中国企业可能已经寻求参与俄罗斯油气生产，但煤炭行业并没有出现同样趋势。2014 年 10 月更新的《中俄煤炭领域合作路线图》在这一方面取得些许进展，其概述了联合投资的举措，但落地者寥寥。

2013 年，EN+ 集团与中国神华公司成立合资企业（Ragrez Ugol）开发位于赤塔（Zabaikalie）的扎舒兰（Zashulanskoe）煤矿。该项目于 2018 年投产，截至 2020 年 4 月，年产量达 20 万吨。随着开发的不断升级，项目负责人最近宣布到 2026 年年产 500 万吨，用于本地销售和出口中国。2013 年，中国国家开发银行为该合资企业贷款 20 亿美元。

中俄煤炭生产合作鲜有亮点。俄罗斯技术集团（Rostec）与神华之间为开发阿穆尔州 Ogodzhinskoye 煤矿而提议开展合作，但当时这家中国公司认为该项目无利可图，导致伙伴关系于 2017 年破裂。俄国际统一电力系统公司（Inter RAO UES）与中国国家电网公司（SGCC）投资 100 亿美元，在中俄边境建设俄罗斯最大火电厂，取得较大成功。2018 年，该项目希望得到俄国家发展银行（VEB）的资金支持，但遭到搁置，进展甚微。国际统一电力系统公司最近表示可能将燃料改为天然气。

第四章 "一带一路"助力中国—中亚能源合作

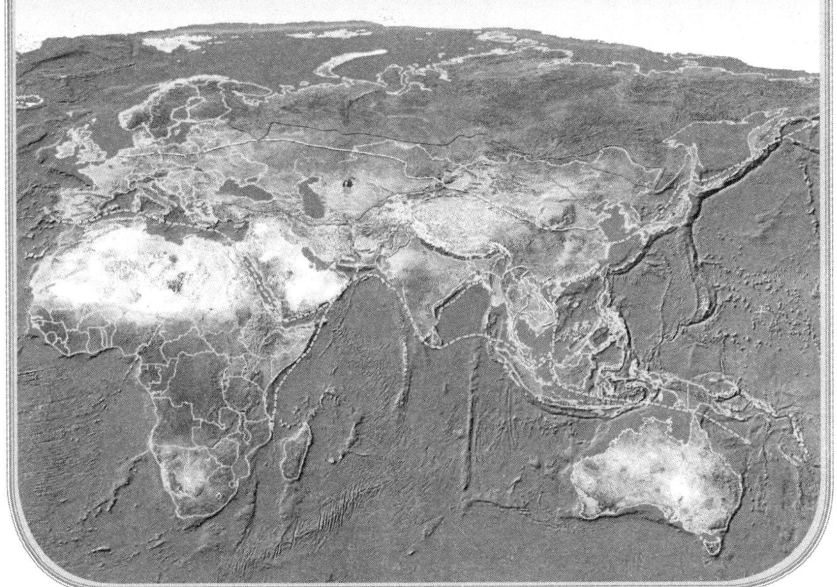

中亚与中国有约 3300 公里的共同边界，可谓山水相连，长期以来联系紧密。中亚是古丝绸之路的关键一站，如今是中国进出口贸易的重要中转站。

尽管中国与中亚的纽带古已有之，但在苏联时期，中国和中亚各国之间的接触非常有限。这种情况在苏联解体后发生变化。中国担心，中亚不稳定的前景会破坏本国西部边境稳定，且当地少数民族与中亚突厥族有种族联系，因此，中国与该地区的新任领导人来往密切。

这种接触主要表现为双边拥有两国领导人高调会晤和蓬勃发展的能源合作。中国在认识到该地区巨大的能源潜力后便着手与之合作。1994 年，中国石油收购了哈萨克斯坦公司阿克纠宾油气股份公司（Aktobemunaj Gaz）60.3% 的股份，这是中国对中亚能源进行的首笔重大投资。

在合作初期，双方就已开始商讨天然气管道合作前景。时任国务院总理李鹏在 1994 年 4 月访问阿什哈巴德期间便探讨修建土库曼斯坦—中国天然气管道。

中国在该地区进行了多个领域的投资后，中国—中亚关系逐渐以能源合作为主。在主要产油国哈萨克斯坦，中国公司参股了石油开发项目。在土库曼斯坦，中国石油逐渐成为该国能源领域主要的外国投资者，到 2019 年，该国天然气近 20% 由中国生产。中国对乌兹别克斯坦（当时是一个更加内向的能源市场）的投资则相对有限，进展缓慢。但今天，中国成为乌兹别克斯坦天然气出口的主要目的地。

中亚天然气管道

2019 年中亚—中国天然气管道竣工后，中亚对中国来说变得更为重要。如图 4-1 所示，在 2009—2013 年短短四年内，中亚在中国天然气进口中的占比从 0 增长到 50%。中国正在引进新的液化天然气加气产能，天然气结构日益多元化，这使得中亚在中国天然气来源中的比例已经下降。但中亚依然是关键的合作伙伴，占 2019 年中国天然气进口的 32%。

中亚—中国天然气管道耗资 73 亿美元，由中国石油提供资金，是中国第一条跨国天然气管道。现年供气量为 550 亿立方米，分三阶段建成：A 线于 2009 年竣工；B 线于 2010 年交付；C 线年供气量为 250 亿立方米，于 2012 年通气。D 线仍在建设中，建成后供气量将达到 300 亿立方米。

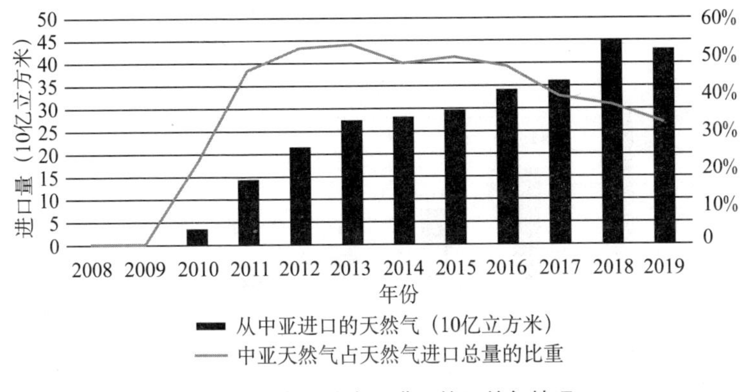

图 4-1 中国从中亚进口的天然气情况

资料来源：《BP 世界石油统计年鉴》

能源在“一带一路”中的意义

自 2013 年“一带一路”倡议在哈萨克斯坦首都阿斯塔纳启动以来，中亚在该倡议中占有重要一席。该地区位于中国西部边境，是“一带一路”两个交通走廊的重要节点：新欧亚大陆桥、中国—中亚—西亚经济走廊，并拥有对中国未来增长目标至关重要的自然资源。

“一带一路”倡议影响了中国的中亚政策。自发起以来，与“一带一路”倡议相关的投资趋势表明了中国的政策重点。值得注意的是，2013—2019 年批准的 1360 亿美元项目中，绝大多数与能源相关。如图 4-2 所示，在此期间，自然资源项目占“一带一路”相关总支出的 67%。

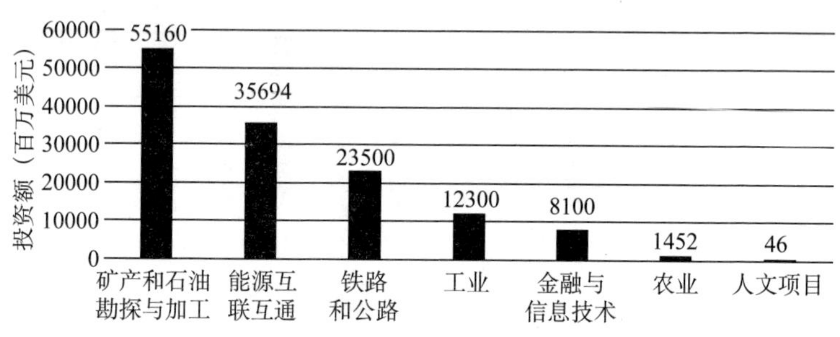

图 4-2　中亚的“一带一路”投资领域划分

为保障在该地区的利益，中国在中亚加大力度落实各项举措。如图 4-3 所示，中国和中亚多个城市之间结成“友好城市”，并招收中亚（主要是哈萨克斯坦和吉尔吉斯斯坦）留学生，这体现了中亚国家对中国的重要性及其较为开放的社会环境。

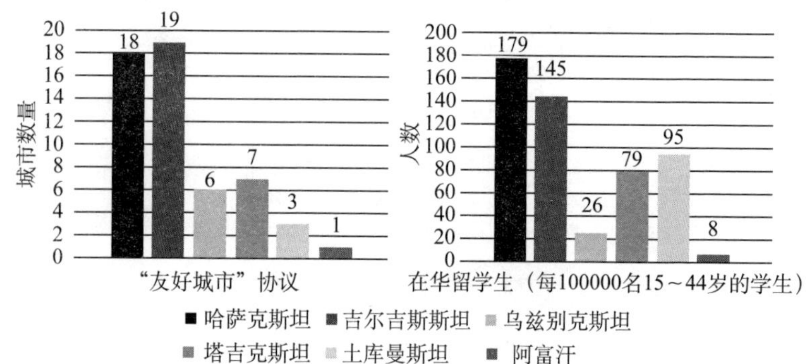

图 4-3　中国在中亚的软实力

资料来源：援助数据研究实验室（Aid Data）

中国投资广受中亚各国欢迎，该地区很多国家很难吸引他国潜在投资者。但随着中国主导地区经济发展，越来越多的外部观察人士警告，该地区有“依赖”中国的风险。在所有地区能源生产商中，土库曼斯坦的公司最为明显：在2019年土库曼斯坦签署重启对俄罗斯输气之前，中国是该国唯一的天然气买家。

尽管外界认为“一带一路”倡议有望助推中国与中亚各国能源合作项目长期增长，这些项目所形成的巨额债务负担成为中亚各国的关切点。的确，在发生“一带一路”建设相关债务偿还问题的国家名单中，吉尔吉斯斯坦和塔吉克斯坦赫然在列。这些国家比其他地区国家更为穷困，如果项目未能实现预期增长，那么所面临的风险就会更大。

“新冠”疫情影响

“新冠”疫情在2020年第一季度冲击了中国的经济发展，中国的能源进口受到的影响以及对能源供应商的潜在影响即刻受到关注。至今为止，此次危机的影响不减。中国的天然气需求一直相对强劲，2020年1月至5月期间同比增长7%。

但是，中国和中亚的贸易以天然气为主。随着亚洲盆地的供应增加，天然气价格随之下滑，这可能会对中亚等国的管道天然气供应商产生不利影响。根据统计，中国管道天然气进口在2020

年 5 月降至 200 万吨以下，这是自 2016 年 11 月以来的新低。

据报道，2020 年 5 月，土库曼斯坦、哈萨克斯坦和乌兹别克斯坦正在探讨削减对中国的天然气出口，这对中亚能源供应商来说无疑是个打击。乌兹别克斯坦国家石油公司（Uzbekneft-egaz）首席执行官在给标普全球（S&P Global）的邮件中表示，中国要求中亚各国适当削减对中国的天然气出口，哈萨克斯坦官方也有相似言论。3 月，在中国石油决定对供应商发布不可抗力通知后，哈萨克斯坦对中天然气出口削减 20% ~ 25%。5 月 27 日，哈萨克斯坦能源部长宣布，该国将在本年度对中国减少 12% ~ 15% 的能源供应。

中国转向液化天然气的另一个影响是冲击管道天然气进口。中国签署了中美贸易协议，承诺增加美国能源的进口，再加上液化天然气现货市场价格下降，中国液化天然气需求大幅增加。中国对俄亚马尔液化天然气项目的巨额投资使得中国在中亚管道天然气之外有了其他选择。近期安迅思（ICIS）分析发现，液化天然气运费已经低于管道天然气，由此可以看出其价格的吸引力。

中国国内天然气竞争

对中亚管道天然气需求造成进一步影响的是中国本土天然气产量的提高。根据中国统计局的数据，中国天然气产量从 2019 年

4 月的 141 亿立方米上升至 2020 年 4 月的 161 亿立方米，一季度各个月份也都出现同比增长。中国国内生产不可能大幅下滑。

尽管 2025 年前天然气产量将增加 750 亿立方米（由牛津能源研究所预测），进口需求将依然强劲。如图 4-4 所示，中国经济继续保持增长并寻找煤炭替代品，国内产能不太可能满足其天然气需求的预期增长，进口自然变得关键。

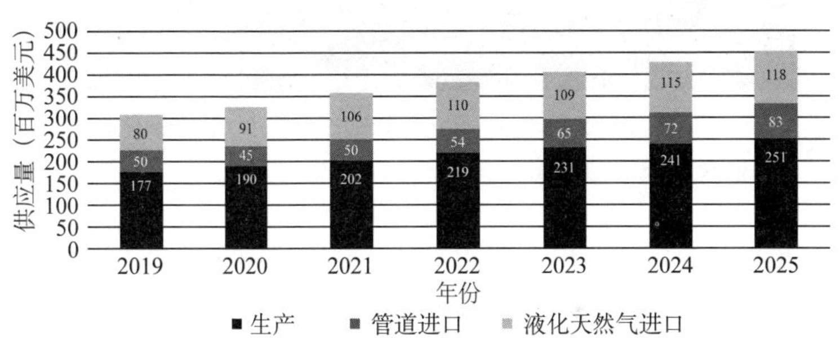

图 4-4　中国到 2025 年的天然气供应预测

资料来源：国际能源署、莱森特世界天然气模型、牛津能源研究所

土库曼斯坦

2019 年，中国从中亚国家进口 430 亿立方米天然气，其中土库曼斯坦占比约为 74%（图 4-5），使其成为中国最大的天然气（管道和液化天然气）来源国。这要益于土的巨大储量，据《BP 世界能源统计年鉴（2020）》估计，土库曼斯坦天然气储

量达 19.5 万亿立方米，这几乎是地球已探明储量的 10%，全球排第四。

图 4–5　中亚各国 2019 年对中国的天然气出口量（单位：十亿立方米）

资料来源：《BP 世界能源统计年鉴》

土库曼斯坦之所以重要的另一个原因是中亚其余各国的能源生产结构，哈萨克斯坦专注于石油生产（通常利用天然气来支持石油生产），乌兹别克斯坦国内消费了很大一部分天然气。

进入 21 世纪 20 年代，中国从中亚进口的天然气中或将有更多是来自土库曼斯坦；哈萨克斯坦的储量预计将不再足以供应相应数量的天然气；乌兹别克斯坦已表示计划在未来十年内将停止天然气出口，将市场重点转移到国内。

未来土库曼斯坦对中国出口的一个决定因素将是 D 线（中亚—中国天然气管道）。这条预计耗资 32 亿美元的扩建工程将经由乌兹别克斯坦、塔吉克斯坦和吉尔吉斯斯坦通往中国，且专门用来运送土库曼斯坦天然气。然而，该工程复杂异常，且屡次延误。2020 年 1 月，塔吉克斯坦宣布正在着手建设部分管道，该项目的成功还远未得到保证，因为吉尔吉斯斯坦和乌兹别克斯坦都对过境条款颇有微词。

日益增长的双边安排

近年，土库曼斯坦一直是中国在中亚的主要投资目的地之一。虽然中土合作已经渗透到非能源领域，但天然气合作仍然是两国关系的主要推动力。如图 4-6 所示，两国贸易自 2009 年起激增，中国成为土库曼斯坦主要经济伙伴。

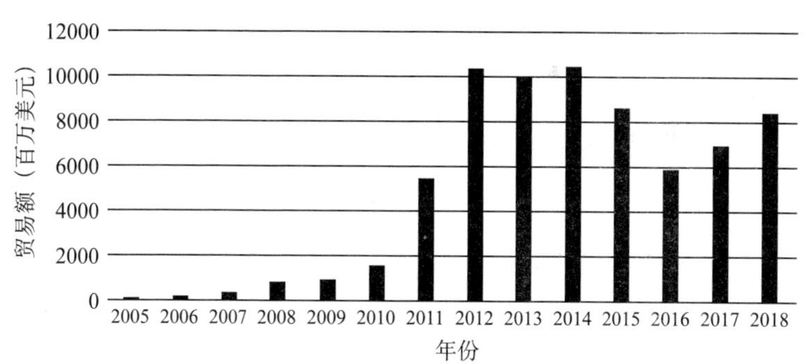

图 4-6　土库曼斯坦与中国的年度双边贸易

资料来源：中国国家统计局

尽管官方一直强调“一带一路”建设释放的交通运输和物流红利，但中国对土库曼斯坦投资一直聚焦能源领域。在欧洲安全与合作组织（Organization for Security and Co-operation in

Europe-OSCE）记录在案的 248 亿美元“一带一路”投资中，94% 用于自然资源项目（图 4-7）。即使对于该倡议的重点自然资源开发地区，这个数字也不低。在哈萨克斯坦和乌兹别克斯坦，该比例分别为 62% 和 52%。

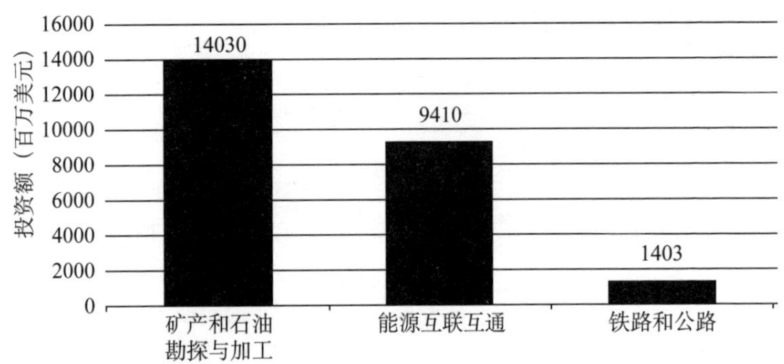

图 4-7　按行业划分的土库曼斯坦“一带一路”项目投资

资料来源：欧洲安全与合作组织

土库曼斯坦能源生产

土库曼斯坦拥有世界第四大天然气储量，其能源部门乃至整体经济都依赖天然气生产。该国石油产量较低，原油储量约为 6 亿桶，几乎全部位于里海，不过石油税的贡献远低于天然气。

在渡过 20 世纪 90 年代的艰难时期后，土库曼斯坦天然气生产有所恢复，此后保持相对稳定（图 4-8），这预计将持续到 21

世纪 20 年代。

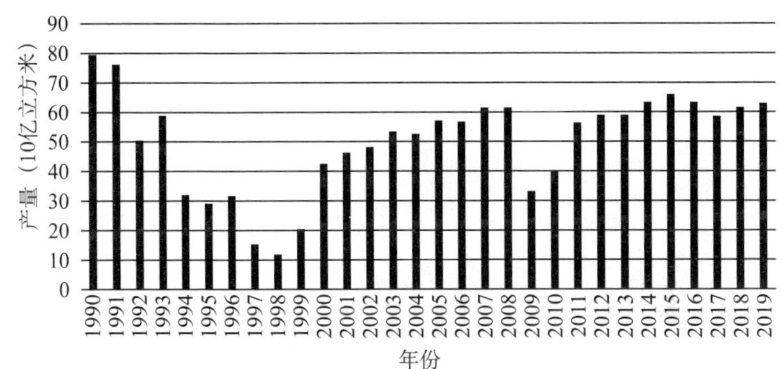

图 4–8　土库曼斯坦 1990—2019 年天然气产量

资料来源：《BP 世界能源统计年鉴》

苏联解体后还没有连接中亚和中国的天然气管道。对于土库曼斯坦这个内陆国家来说，想要出口天然气只能与俄气合作，这实际上不利于中土开展大型能源合作。这一现状终结之后，双方即刻商讨铺设新管道事宜。

中亚天然气管道项目并非一帆风顺。土库曼斯坦与邻国的关系不甚融洽，这令外界质疑该管道能否被过境国接受。土库曼斯坦是否有能力同时供应中俄尚不确定。另外，该项目的成本使定价成为关键掣肘因素。

由于管道的可行性存疑，中国对土库曼斯坦能源部门的投资在 21 世纪初期仍然有限。

2000 年江泽民主席访土期间，两国签署了油气合作谅解备忘录。不过，中土合作与中哈合作不可同日而语。达成的协议数量可谓寥寥，其中包括中国石油在昆大格（Kumdag）油田开展勘探和服务合同，以及中国石化在阿姆河右岸最古老的沙特鲁克（Shatlyk）气田进行钻探的许可。

至关重要的 2006 年协议

2006 年 4 月，土库曼斯坦总统尼亚佐夫第三次访华期间，双方签署了建设跨境天然气管道的“总协议”，制定了解决两国能源贸易主要问题所需的方案。根据该协议，中国承诺从 2009 年开始 30 年内每年购买 300 亿立方米的天然气，并确认土库曼斯坦和中国的企业将共同勘探和开发阿姆河右岸的“所有储量”。

中亚—中国管道建设由中国石油子公司中国石油天然气勘探开发公司负责，于 2007 年 8 月启动。2009—2010 年 A 线和 B 线相继完工，这是第一个里程碑事件。根据协议，这些管线为土库曼斯坦出口专用，年输气量达 300 亿立方米，其中 130 亿立方米来自中国石油的巴格德雷克（Bagtyarlyk，“幸福之地”之意）气田，其余来自土库曼斯坦国家天然气集团。

C 线于 2014 年竣工，年输气 250 亿立方米。部分运输经由乌兹别克斯坦和哈萨克斯坦，二者均供应 100 亿立方米。

中国天然气需求的上升刺激了中亚—中国管道运力的迅速提升。目前，土库曼斯坦国内管道线路运力已接近峰值，2018 年和 2019 年分别输气 330 亿立方米和 320 亿立方米（图 4-9），几乎完成了其额定的 350 亿立方米输气量目标。

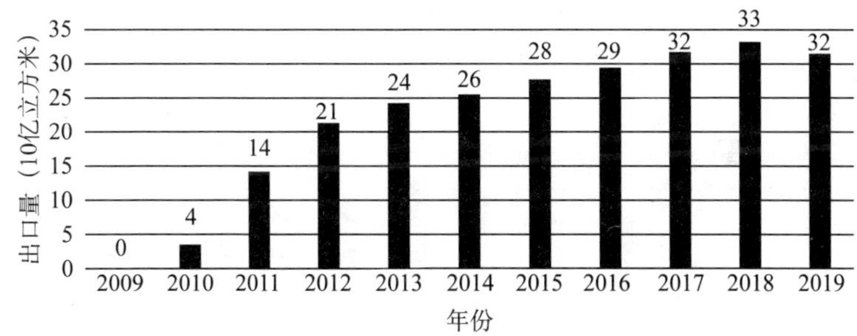

图 4-9　土库曼斯坦对中国天然气出口情况

资料来源：《BP 世界能源统计年鉴》

合作如火如荼

土库曼斯坦主要天然气生产商是其国有垄断公司国家天然气集团，它旗下有年产量达 200 亿立方米的超级巨头加尔金内什气田（Galkynysh）和其他数个小天然气田，产量占全国总量的 72%。

中国石油是签署了土库曼斯坦陆上天然气生产分享协议的两家外国公司之一。协议规定，该公司负责巴格德雷克（Bagtyyarlyk）的生产。2019 年，该天然气田年产量约为 132 亿立方米，其中多数都通过管道输往中国（图 4-10）。

中国石油获得了这一储量相对丰富地区的开发权，这凸显了该公司在土库曼斯坦的独特地位。这使得中国石油有相当大的话语权，可以获得对土库曼斯坦主要天然气田较大的控制权。外国投资者签署的合资协议通常限制较多，中国石油参与的下游仅限于中亚—中国管道建设和提供融资。

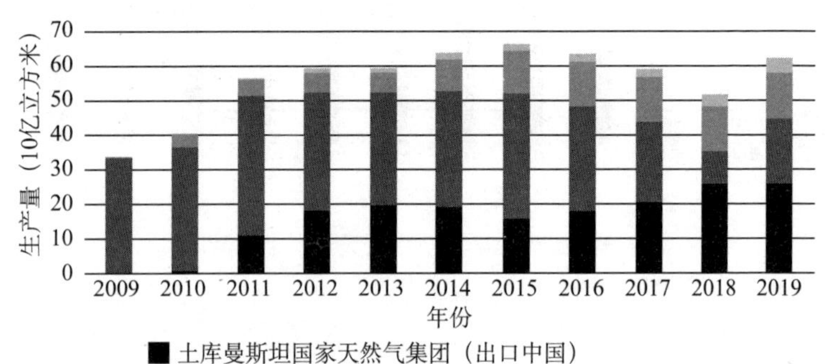

图 4–10　土库曼斯坦天然气生产结构

资料来源：牛津能源研究所

土库曼斯坦对加尔金内什气田的态度表明，土库曼斯坦想要保持对天然气生产的掌控。土库曼斯坦大部分天然气都有望来自该气田。与“幸福之地”不同，中国石油未获准直接投资于基础设施，土库曼斯坦国家天然气公司控制了生产。不过，中国在该项目中依旧发挥重要作用，中国开发银行为第二阶段开发提供融资。作为回报，土库曼斯坦国家天然气公司同意增加对华出口天然气数量。

土库曼斯坦正寻求丰富客户来源

依赖于中国的危险后果在"新冠"疫情期间一目了然。中国将目光由管道天然气转向更为廉价的液化天然气，土库曼斯坦天然气出口大幅下滑。如果定价机制保持不变，土库曼斯坦贸易外汇创收可能面临压力。

2019 年 7 月土库曼斯坦与俄罗斯天然气公司达成一项五年供应协议，这对土库曼斯坦能源部门是一大利好。该协议每年仅供应 55 亿立方米天然气，且范围有限，但将使土库曼斯坦重新进入俄罗斯和欧洲市场。此管道和拟建管道（例如通往欧洲的滨里海管道和将天然气输往南亚的土库曼斯坦—阿富汗—巴基斯坦—印度天然气管道）可以开拓出口市场，但这些路线能否完成还远未确定。

贸易关系有望持续下去

2017 年冬，中国政府出台指令，限制数个城市的煤炭生产，这导致天然气进口需求增加，但土库曼斯坦国家天然气公司因技术能力无法达标。值得注意的是，2018 年 1 月，因中国石油在一份声明中提到“设备故障频发”，通过中亚管道输送的天然气总量减半。虽然这一事件的确切影响尚且不明，但如果中国在此后修订能源战略，这些问题则会给土库曼斯坦构成挑战。

展望 21 世纪 20 年代，哈萨克斯坦和乌兹别克斯坦的出口下降可能使土库曼斯坦成为中国仅存的中亚天然气供应国。如果中国对该地区天然气的需求继续上升，这无疑会给土库曼斯坦生产商增加产量压力，这使得目前加尔金内什气田等设施的扩建项目变得尤为重要。

土库曼斯坦—阿富汗—巴基斯坦—印度天然气管道

自 2012 年以来，土库曼斯坦政府一直在努力为土库曼斯坦—阿富汗—巴基斯坦—印度（TAPI）天然气管道的建设四处游说。其一期项目预计能够从加尔金内什气田向其他三国的客户每年输送 300 亿立方米的天然气。但该项目尚未如期启动，因为有人怀疑土库曼斯坦已经建造了通往阿富汗边境的 200 公里管道。此前，俄罗斯车里雅宾斯克轧管厂（ChelPipe）在 2019 年表示，它已获得用于建造 200 公里管道的 15 万吨大口径管道的订单。

另外，土库曼斯坦政府希望巴基斯坦负责修建土库曼斯坦—阿富汗边境管道，而非仅阿富汗—巴基斯坦边境的管道，而巴基斯坦政府并不同意。

印度是否会接受通过巴基斯坦运输的天然气供应尚且存疑。鉴于两个邻国之间经常发生政治和军事冲突，各方普遍认为印度政府不太可能同意这一点。

这使得该项目仅剩一条可行路线：从巴基斯坦到中国西南边境。相关讨论未达成任何协议，也未提出时间表。

哈萨克斯坦

哈萨克斯坦对中国具有独特的地缘战略意义：该国是货物进出通道和能源来源，也是中国西部的稳定邻国（图 4-11）。自苏联解体以来，这种地位一直是中哈两国之间牢固关系的根基。两国之间的贸易一直备受重视，两国都是上海合作组织（SCO）等组织成员国，这有助于促进双方高层往来。

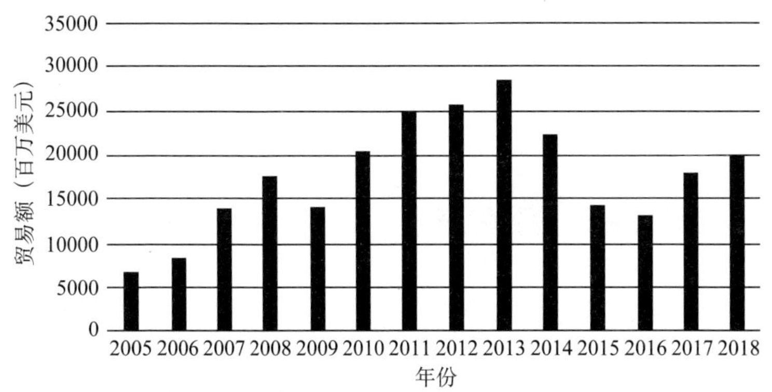

图 4-11 哈萨克斯坦与中国的年度双边贸易额

资料来源：中国国家统计局

在该地区之外，经常有人诟病中国与土库曼斯坦等其他中亚国家的关系，认为这些国家将在经济上依赖中国，但中哈之间并无这一问题。虽然哈萨克斯坦与中国公司合作，并向中国投资敞开大门，但它与西方和俄罗斯公司也发展类似关系。2019 年，中国只占其出口的 14%，进口的 17%。

哈萨克斯坦长期以来在中国的“一带一路”建设中占据重要一席。习主席正是在哈萨克斯坦宣布了这一倡议，并在该国政界获得热烈反响。“一带一路”倡议关注欧亚互联互通，这与哈萨克斯坦 2014 年启动的“光明之路”新经济政策不谋而和。很多中亚国家领导人都寻求将本国政策与“一带一路”倡议对接。

尽管中哈共同努力丰富贸易和投资构成，但合作仍以能源为重点。在认识到哈萨克斯坦作为油气生产国的重要性后，中国能源企业仍是该国的重要投资者。挪威国际事务研究所（NUPI）和欧洲安全与合作组织（OSCE）合作建立的关于“一带一路”在哈萨克斯坦相关投资数据库等数据便证明了这一点（图 4-12）。

哈萨克斯坦能源生产

哈萨克斯坦是能源出口大国，煤炭、石油和天然气储量巨大。其生产数据显示，截至 2019 年，该国是全球第 9 大煤炭生产国（1.154 亿吨），全球第 13 大石油生产国（9140 万吨），

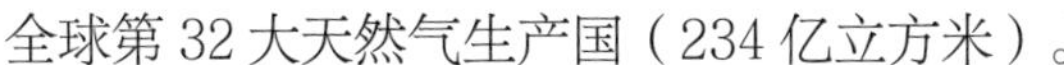
全球第 32 大天然气生产国（234 亿立方米）。

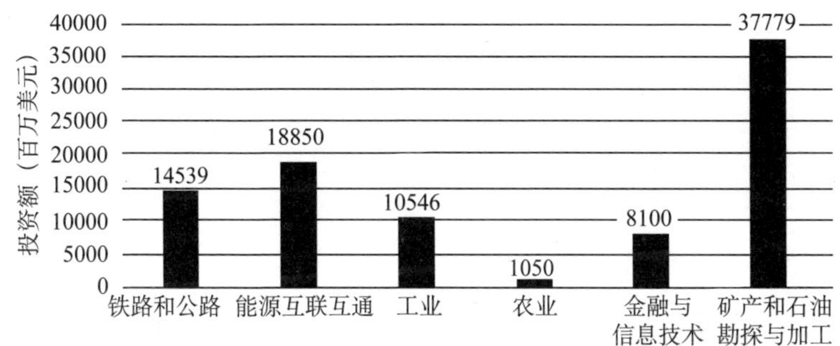

图 4–12　按行业划分的“一带一路”倡议在哈萨克斯坦投资

资料来源：欧洲安全与合作组织

哈萨克斯坦总人口不足 1900 万，能源资源储量远超国内需求（图 4–13）。例如，2018 年，其能源总产量为当地需求的两倍。能源盈余使哈萨克斯坦成为能源出口大国。2019 年，哈萨克斯坦成为全球第 9 大煤炭和原油出口国、第 12 大天然气出口国。

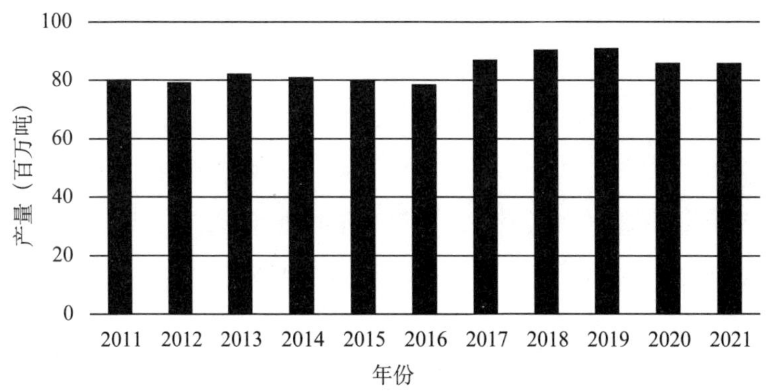

图 4–13　哈萨克斯坦石油产量

资料来源：《BP 世界能源统计年鉴》

在该国多样化的自然资源中，石油是出口领域的重头戏。此前，高油价刺激了哈萨克斯坦整体经济发展，如今，该国300亿桶石油储量仍位居世界前列（占全球总量的1.7%）。

目前，哈萨克斯坦大部分石油出口（约75%）通过里海石油管线（CPC）输送。这条管道通往俄罗斯新罗西斯克港，预计到2040年该管线出口将一直占据重要地位。尽管如此，随着哈萨克斯坦推进出口多样化，并减少对单一路线的依赖，其他管道可能会具有更大意义，如哈中路线和巴库—第比利斯—杰伊汉（BTC）输油管道。

哈萨克斯坦主要有三个产油项目：

（1）田吉兹是世界第六大油田，储量估计在60亿至90亿桶之间。2019年，该油田日产58万桶原油；

（2）2019年第四季度，卡沙甘油田的日均产量逾50万桶（原油和石油当量）；

（3）卡拉恰甘纳克油田的日产量为27.8万桶。

未来几年，田吉兹和卡沙甘油田的产量都将上升：田吉兹油田投资金额达360亿美元，其日产量将逐步增加；卡沙甘项目的成员已同意增资，这将使产量在未来十年稳步增长。据估计，该油田在满负荷情况下可保持日产100万桶。中国石油持有该项目8.4%的股权，并且在未来几年可能会增加这一比例，因为一些西方股权持有人正评估其在里海地区的资产。

哈萨克斯坦的主要油气田

业界对哈萨克斯坦天然气产量的统计不尽相同。2021 年，英国石油公司发布的《BP 世界能源统计年鉴》对此统计为 331 亿立方米（图 4-14），尽管大家对哈萨克斯坦天然气产量的统计不尽相同，但对于这一领域的大趋势，大家看法趋同，那就是哈萨克斯坦天然气产量预计会继续上升。埃信华迈（IHS Markit）估计，到 2040 年，哈萨克斯坦天然气产量或会增长 52%。但国内需求的上升，如哈萨克斯坦加大气化水平等，将严重限制其出口增长潜力。

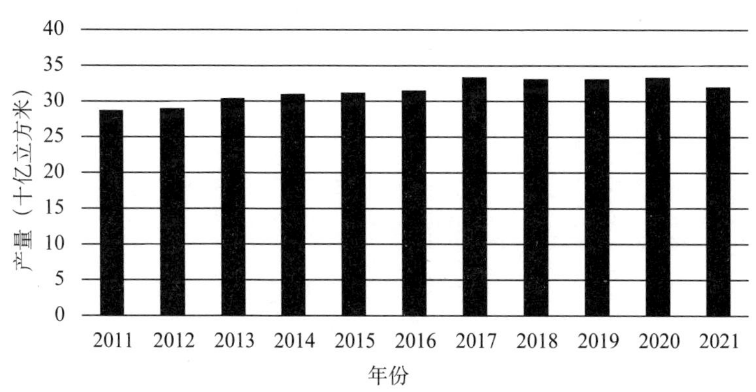

图 4-14　哈萨克斯坦天然气产量

资料来源：《BP 世界能源统计年鉴》

哈萨克斯坦天然气出口的另一个问题是质量问题。与其他国家不同，哈萨克斯坦一半以上的产量是“伴生气”或与石油一起生产的天然气。这对该行业有两个主要影响：首先，天然气生产依赖于石油产量，因此很难根据需求扩大商业天然气生产规模；其次，这种“伴生气”的质量通常较低，含硫量高，对加工和储存带来挑战性。

与中国的合作

对哈萨克斯坦的投资一直是中国能源安全战略的重要组成部分。中国迫切希望获得海外资源，并推动双边关系发展，鼓励其石油企业在哈萨克斯坦站稳脚跟。这种国家支持本身就是中国在该国取得成功的一个主要因素，新投资往往得益于两国融资和合作协议。

中国在该国的活动一直集中于石油生产，这取决于哈萨克斯坦的能源结构。在中国石油的引领下，中国的石油生产商最早寻求在哈萨克斯坦南部（距离中国最近的油田）开采石油，后来这些油田开始老化，转而在石油资源富集的西部地区开采。哈萨克斯坦石油生产伴生气产量高，这往往会吸引中国的企业参与该国天然气生产。不过，石油一直是中国关注的焦点。

1. 中国石油哈萨克斯坦阿克纠宾项目

这是中国首次涉足哈萨克斯坦石油领域的项目。1997 年 6 月，中国石油收购了该项目 60.3% 的股份。这是中国在哈萨克斯坦能源领域的第一笔重大投资，这笔投资保证了中国石油天然气集团有限公司能获得扎纳若尔（Zhanazhol）、肯基亚克（Kenkiyak）和肯基亚克盐上（Kenkiyak Oversalt）、肯基亚克盐下油田（Kenkiyak Subsalt）油田的生产许可证，以及进一步的勘察权。该协议签署后的几年里，中国石油天然气集团有限公司将其在该项目的股份增加至 85.42%，并在其他投资的支持下，成为该国石油行业的主要中方投资者。

2. 哈萨克斯坦石油公司（PetroKazakhstan）

21 世纪初，中国对石油资产的投资集中在临近中国的地区和油田（如南图尔盖盆地），因为其是向中国运输石油的主要通道。其中一个典型的项目是中国石油天然气集团有限公司以 41.8 亿美元收购哈萨克斯坦石油公司。该公司当时是哈萨克斯坦最大的私营石油公司，占哈萨克斯坦全国石油总产量的 12%，旗下有奇姆肯特炼油厂（Shymkent，哈萨克斯坦最大的炼油厂之一）。这帮助巩固了中国石油在该行业的影响力，但这也在当时引发了一些对中国侵占市场份额的指责。

尽管这是中国在哈萨克斯坦影响力上升的明显迹象，但哈萨克斯坦石油公司的这笔交易也显示了地方政府限制中国控制力的愿望和能力。根据与哈萨克斯坦政府的协议，中国石油必须在收购完成后立即将哈萨克斯坦石油公司 33% 的股份转让给哈萨克斯坦国家石油天然气公司（KMG）。尽管受到制约，但中国石油的股权仍意味着其能施加主要影响力。

这个并非孤立案例。中国企业一直寻求与哈萨克斯坦有影响力的国有企业合作，以进军新领域，并获取哈萨克斯坦的善意。进入 21 世纪以来，这种方法有几个引人注意的例子。2009 年，中国投资公司（中国的主权财富基金）收购了哈萨克斯坦石油天然气勘探开发公司（KazMunay Gas Exploration Production，哈萨克斯坦国家石油天然气公司子公司）11% 的股份，而中国石油则与哈萨克斯坦国家石油天然气公司合作，以 33 亿美元收购了曼基斯套油气公司（MangistauMunaiGaz）。

3. 曼格斯套油气公司

在中哈公司的合作中，曼基斯套油气公司交易是反映中国独特价值主张的突出范例。在哈萨克斯坦面临全球金融危机影响之际，中国向哈萨克斯坦合作伙伴伸出援手，进而促成了该协议的达成。中国石油向哈萨克斯坦国家石油天然气公司提供 50 亿美元的贷款，为其收购股份以及从哈萨克斯坦西部到南部的天然气管道提供资金，中国进出口银行（EXIM）向哈萨克斯坦开发银行再次放贷 50 亿美元，用于建设与非石油相关的基础设施项目。这笔 100 亿美元的“贷款换石油”协议，是哈萨克斯坦选择与中国石油合作而不是与俄气和印度石油天然气公司（ONGC）等竞争对手合作的关键助推因素。

4. 卡沙甘（kashagan）

随着中国在 21 世纪初巩固了其在南图尔盖盆地的地位，2005 年后，中国的石油生产商将注意力转向了哈萨克斯坦西部。这一转变包括一些投资活动，比如中信对加拿大国家能源公司（Nations Energy）的收购，经营着卡拉赞巴斯（Karazhanbas）重油油田。中国石油购买哈萨克斯坦卡沙甘项目 8.4% 的股份（这个项目是哈萨克斯坦最大的潜在上游油气项目）或是最佳例证。这笔交易是在习近平主席 2013 年访问哈萨克斯坦期间达成，斥资 50 亿美元，是中国石油的一项重大成就。中国石油在 2005 年试图收购该油田，但以失败告终。此外，这也是中哈关系日益增强的一个迹象。此前，哈萨克斯坦国家石油天然气公司行使其权利，抢先将康菲石油在该油田的股份出售给印度石油天然气公司，然后再出售给中国石油，这才促成了该笔交易。

5. 中国石化相关项目

中国石油并非是在哈萨克斯坦运营的唯一中国投资者，其他公司也在一些油田（大多较小）持有股份。例如，中国石化于 2015 年以 10.9 亿美元收购了卢克石油公司 50% 的股份，从而扩大了其在里海投资资源公司（哈萨克斯坦石油生产商）的股份。里海油田拥有 2 亿桶已探明油气储量。

对华石油出口

与哈萨克斯坦向西出口石油相比，流向中国的石油则相对有限。对中国出口石油于 2013 年达到每年 1180 万吨的峰值（图 4–15），其主要原因在于哈萨克斯坦的出口基础设施。受苏联时期的计划经济和苏联解体后西方投资浪潮的影响，哈萨克斯坦长期以来一直专注欧洲市场。

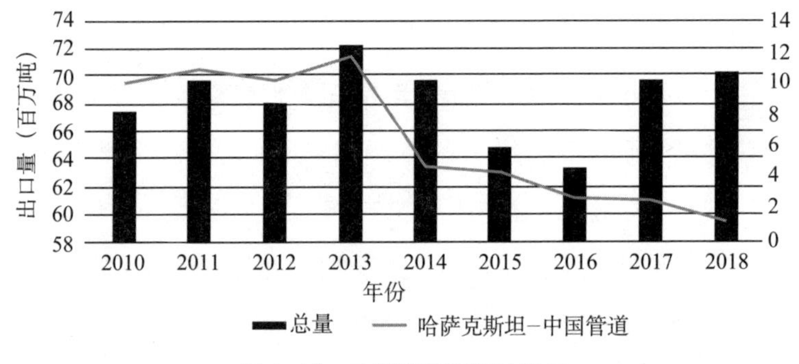

图 4–15　哈萨克斯坦石油出口

资料来源：哈萨克能源企业协会

哈萨克斯坦—中国管道

尽管对华出口水平有限，但仍不可小觑。苏联解体后的很长一段时间里，向中国输送石油的经济可行性不大。随着双方 1997 年同意建造 2798 公里长的哈萨克斯坦—中国管道（KCP），这种情况得到了改善。哈萨克石油运输公司和中国石油子公司中国石油天然气勘探开发公司（CNODC）成立合资企业，共投资 30 亿美元，分两阶段完成了管道建设。

第一阶段，起点为里海附近的阿特劳，终点为肯基亚克（2003 年年底开始运营）。第二阶段，包括建造阿塔苏至阿拉山口和肯基亚克至库姆科尔路线。阿塔苏至阿拉山口段的年输送能力为 2000 万吨，于 2005 年投入运营，而肯基亚克至库姆科尔段的年输送能力为 1000 万吨。

虽然哈萨克斯坦—中国管道项目增加了运往中国的石油数量，但 2013 年后，为管道提供石油的油田产量下降，导致出口量也随之下降。如图 4-16 所示，这导致了管道用途的重大变化。比如俄石油填补了闲置产能。然而，2020 年年初发布的公告表明，这种情况可能会在未来几年发生变化。2019 年 7 月，哈萨

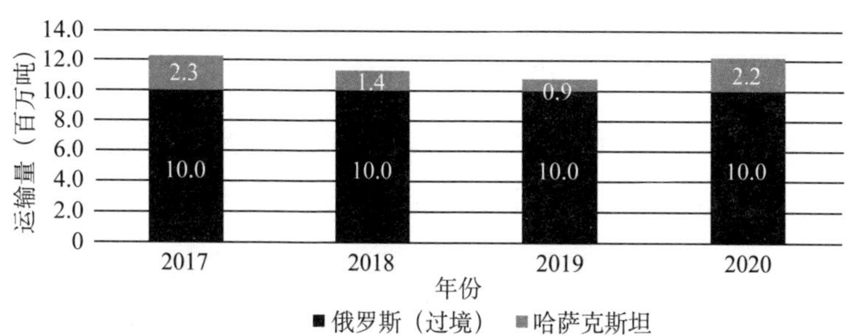

图 4–16　通过哈萨克斯坦—中国管道装运的石油（百万吨）

资料来源：哈萨克斯坦石油运输公司

克斯坦官员宣布，计划对目前向西输气的肯基亚克和阿特劳之间的管道进行反输，将出口量增加到每年 600 万至 700 万吨。该项目第一阶段于 2020 年年中完成。

2020 年 1 月，哈萨克斯坦宣布减少对中国的石油出口，原因是中国石油哈萨克斯坦阿克纠宾项目的石油中有机氯化物含量超标，这似乎表明往中国运输石油面临困难。然而在 2020 年 5 月，哈萨克斯坦能源部副部长宣布，该国石油出口量从 4 月的 5 万吨增加到 23 万吨，这表明问题已经得到解决。

天然气合作

哈中之间的天然气运输面临几大障碍。值得注意的是，天然气一直是中国生产商在该国的次级产品。他们和哈萨克斯坦同行一样主要在生产“伴生气”。此外，在中亚天然气管道 C 线竣工之前，两国之间也没有明确的天然气出口路线。

2011 年，中国石油和哈萨克斯坦国家天然气公司就中亚—中国天然气管道 C 线的融资、建设和运营达成协议，为哈萨克斯坦向中国出口天然气铺平道路。在 C 线增加的 250 亿立方米产能中，哈萨克斯坦出口的天然气为 100 亿立方米。2017 年该管道通气后，哈萨克斯坦天然气出口激增（图 4-17）。

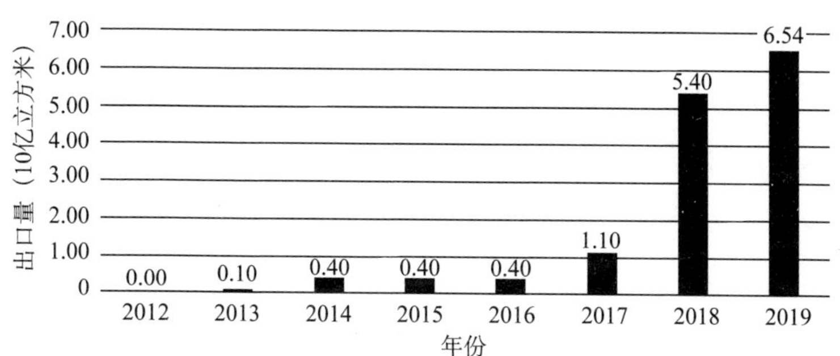

图 4-17　哈萨克斯坦对中国天然气出口情况

资料来源：《BP 世界能源统计年鉴》

哈萨克斯坦获准利用中亚—中国管道后，其天然气出口量也得以增加，这要归功于 2015 年投入运营的依涅乌—巴佐依—奇姆肯特（Beineu-Bozoy-Shymkent）天然气管道。它将哈萨克斯坦西部的天然气生产地区与南部的消费地区联通起来，更重要的是与中亚—中国管道网联通。2018 年，管道年输气量从 100 亿立方米增加到 150 亿立方米，此后这一联通的意义更加凸显，使该国 2018 年天然气出口增加。该管道由哈萨克斯坦天然气运输公司和中国石油下属的中亚天然气管道有限公司各占 50% 股份的合资企业建造，并获得了欧洲复兴开发银行的融资。

在哈萨克斯坦—中国天然气管道通气之后，哈萨克斯坦天然气公司和中国石油达成了一项为期一年的协议，规定在 2018 年提供 50 亿立方米的天然气。随后在 2018 年晚些时候达成了一项期限更长的安排，即通过中亚—中国天然气管道系统在 2023 年前每年出口高达 100 亿立方米的天然气。

尽管中国早些时候做出承诺，但在“新冠”肺炎疫情期间，中国弃用管道天然气的做法大大地减少了哈萨克斯坦天然气进口。在 2020 年 5 月的新闻发布会上，哈萨克斯坦能源部长努尔兰·诺加耶夫宣布，未来对中国的天然气供应将减少 12%~15%。此前，中国买家发布了确认供应削减和不可抗力的声明。

››› 未来

中国油气进口增长趋势将出现分化。过去数年，各方共同努力提高向中国出口油气的能力。然而，在 21 世纪 20 年代，油气这两种能源的不同供应条件很有可能会导致出口出现分化。尽管哈萨克斯坦石油产量将继续存在盈余，但其气化努力加上对天然气产量的限制会迫使哈萨克斯坦在天然气出口和满足国内需求之间做出选择。因此，尽管哈萨克斯坦对中国的石油出口会增加，但是至少在不久的将来，其天然气出口将会下降。

预测表明，哈萨克斯坦对华出口的原油将大幅增加（图 4-18）。肯基亚克和阿特劳输油管道反输项目应该会大幅提高哈萨克斯坦对通往中国输油管道的使用，这也会让哈萨克斯坦减少对俄罗斯这个中转枢纽的依赖。

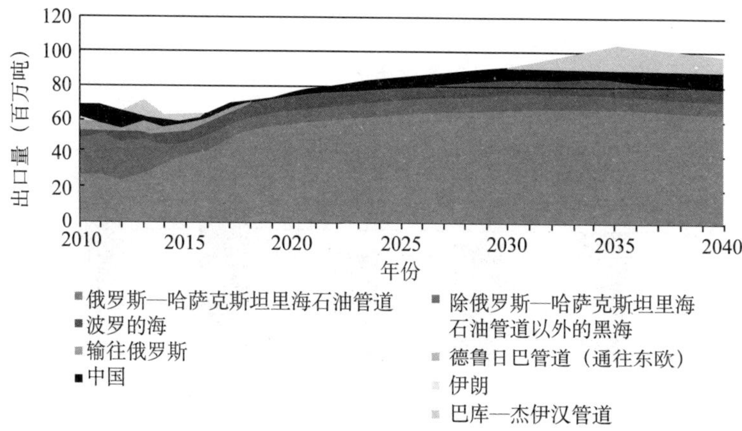

图 4–18　哈萨克斯坦 2040 年前的原油出口前景路线 / 目的地

资料来源：埃信华迈，哈萨克斯坦能源企业协会

由于哈萨克斯坦天然气的商业供应能力有限，再加上国内需求上升，哈萨克斯坦天然气出口在未来十年应该会下降。出口量的减少对哈萨克斯坦天然气公司来说是一个打击。在目前的定价体系下，国内天然气价格被人为压低，所以该公司严重依赖对华出口来保持盈利。然而，牛津能源研究所的预测表明，哈萨克斯坦天然气出口或在 2030 年后反弹（图 4–19），进而可化解这些担忧。

2015 年，中哈签署了关于加强工业化和投资领域合作的政府间协议。迫于外部压力，哈萨克斯坦政府公布了这一框架下 55 个项目的清单。这些投资都是在 2015—2019 年 9 月期间宣布的，总价值为 276 亿美元（图 4–20），该协议主要聚焦石化产品和其他化工产能开发。虽然油气合作传统尤在，但这表明未来投资将转向下游合作。

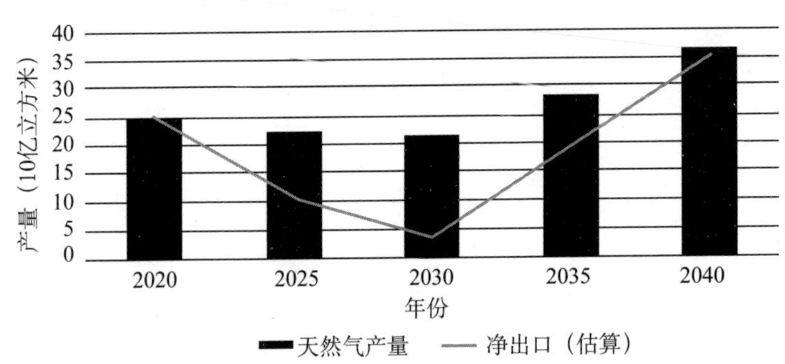

图 4–19　哈萨克斯坦天然气产量和出口量预测

资料来源：牛津能源研究所

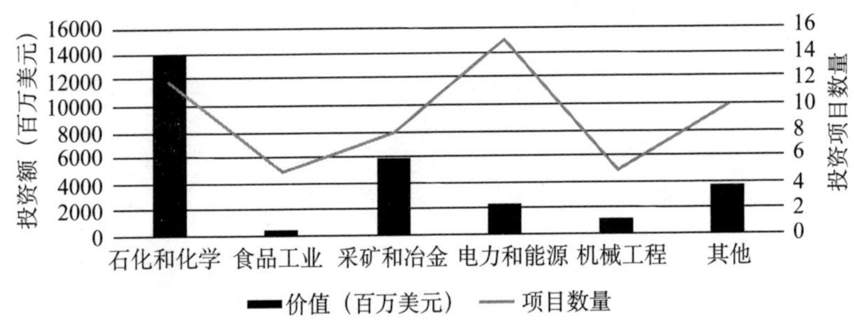

图 4–20　2015—2019 年商定的中国—哈萨克斯坦投资项目

资料来源：哈萨克斯坦国家投资公司

乌兹别克斯坦

苏联解体后，中国政府很快意识到中亚人口第一大国乌兹别克斯坦的战略意义非同小可。与此同时，新独立的乌兹别克斯坦渴望通过跟其他国家建立伙伴关系来减少对俄罗斯的依赖，愿与中国发展双边关系。乌兹别克斯坦于 2001 年加入上海合作组织，并于 2005 年与中国签署了友好合作伙伴关系条约。

由于乌兹别克斯坦出口资源有限，中国对该国的关注主要出于地缘战略和安全因素。事实上，两国贸易到了 2000 年才开始显著增长（图 4-21）。中亚—中国天然气管道的竣工也成就了乌兹别克斯坦有限的对中国天然气出口，但年度贸易额仍低于土库曼斯坦和哈萨克斯坦对中国资源出口水平。

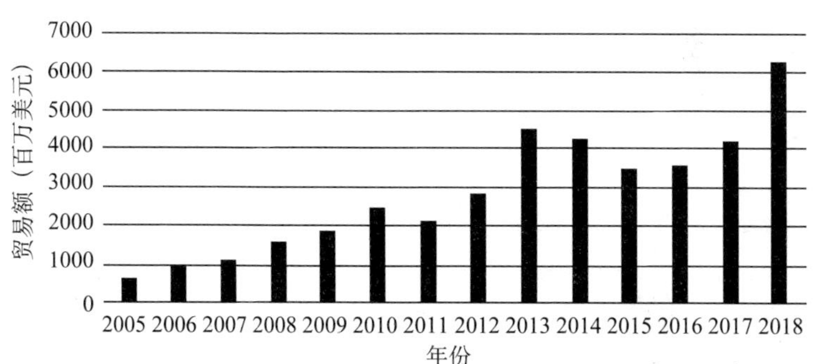

图 4-21　2005—2018 年乌兹别克斯坦与中国年度双边贸易情况

资料来源：中国国家统计局

中国仍是乌兹别克斯坦最大的贸易伙伴。尽管与其他国家相比，乌中贸易可能体量有限，但中国对乌兹别克斯坦仍然非常重要。乌兹别克斯坦超过 18% 的对外贸易是与中国进行的，这让中国成为比俄罗斯和哈萨克斯坦还要重要的贸易伙伴。沙夫卡特・米尔济约耶夫（Shavkat Mirziyoyev）担任总统后推行的政策比前任更为开放，中乌关系因此显著改善。

2020 年 2 月，乌兹别克斯坦国家统计委员会披露，有 1690 家中国公司在乌兹别克斯坦运营，这使中国成为该国第二大外企来源国，仅次于俄罗斯。众多迹象表明，中国在乌兹别克斯坦影响力正在扩大。

乌兹别克斯坦在“一带一路”倡议中的参与度有限。在前总统伊斯拉姆・卡里莫夫（Islam Karimov）的领导下，乌兹别克斯坦重视独立，这一传统从“一带一路”倡议框架下的对乌兹别克斯坦投资水平中可见一斑。根据欧洲安全与合作组织的研究，该倡议在中亚地区中对乌兹别克斯坦投资最低（图 4-22）。

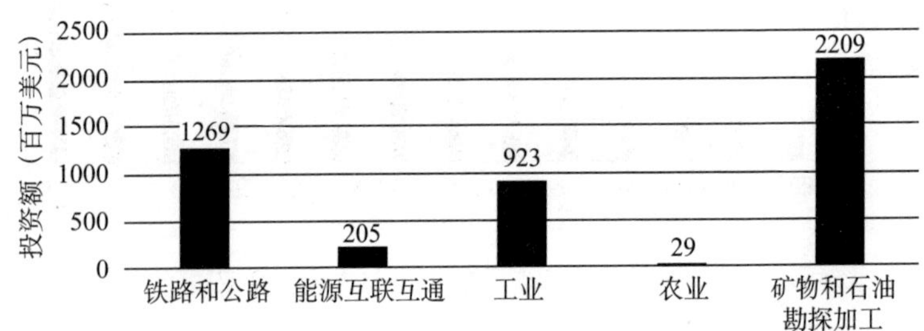

图 4-22　按部门划分的“一带一路”倡议在乌兹别克斯坦投资

资料来源：欧洲安全与合作组织

尽管有迹象表明，乌兹别克斯坦政府正寻求实现增长，但要达到地区国家与中国的合作水平还要很久。

能源生产

米尔济约耶夫总统在乌兹别克斯坦经济改革中大致勾勒了能源部门改革措施。政府目前正在推动更多外资参与，并已采取措施拆分国有油气公司乌兹别克斯坦国家石油公司（Uzbekneftegaz）。之前，该公司贡献了乌兹别克斯坦国内生产总值的15%、国内税收的20%，不仅仅是一个生产商，还拥有相当大的监管权力，其职责包括有权与潜在投资者就新开发油气区块的许可证进行谈判。随着政府加快推进国家主导的油气行业的市场化，该公司已被重组成独立的生产、传输和分销部门，而与潜在投资者谈判的功能转交给了国家地质和矿产资源委员会。

乌兹别克斯坦能源结构偏重于天然气。与中亚邻国哈萨克斯坦和土库曼斯坦一样，乌兹别克斯坦拥有丰富的油气储量。但该国的生产以天然气为主，石油的贡献相对较小。例如，根据《BP世界能源统计年鉴》，2019 年乌兹别克斯坦天然气产量达到 563 亿立方米（占中亚总产量的 39.4%），而该国石油产量仅为 280 万吨（占中亚总产量的 2.6%）。尽管在米尔济约耶夫的改革设想中，可再生能源将发挥更大的作用，但目前天然气的重要性仍毋庸置疑。

乌兹别克斯坦的天然气产量大致稳定。在 2008 年达到峰值后，在 21 世纪前 10 年的大部分时间里，乌兹别克斯坦的天然气产量都在下降，2018 年有小幅反弹（图 4–23）。然而，随着 2019 年产量下降，前几年的停滞似乎已经不可逆转。掣肘增长的一个因素是，生产主要依赖位于布哈拉—希瓦等地区的小块油田，而且这些油田产量正在减少。因此，其他地区的勘探和扩建项目可能会改变未来的生产情况。

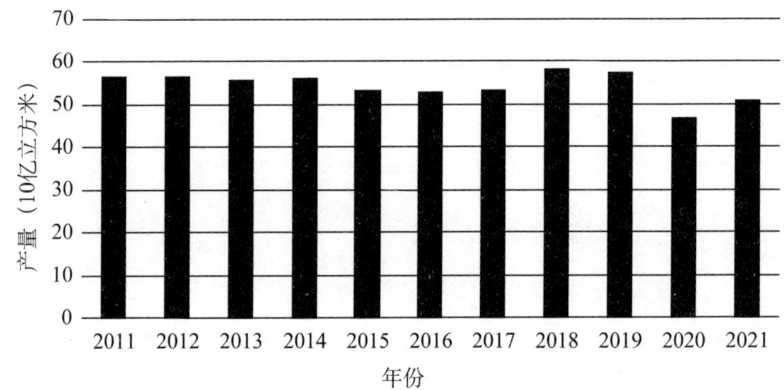

图 4–23　1990—2019 年乌兹别克斯坦天然气产量

资料来源：《BP 世界能源统计年鉴》

乌兹别克斯坦的主要外国能源生产商是俄罗斯卢克石油公司。该公司以上游投资者的身份进入中国，致力于向中国出口，并在两个 PSA（产量分成协议）项目上投入巨资，此后产量迅速增长。这一增长恰逢乌兹别克斯坦国家石油公司产量下降，使卢克石油公司的天然气产量占到了2018年总产量的23%（高于2015年的9%）（图4-24）。

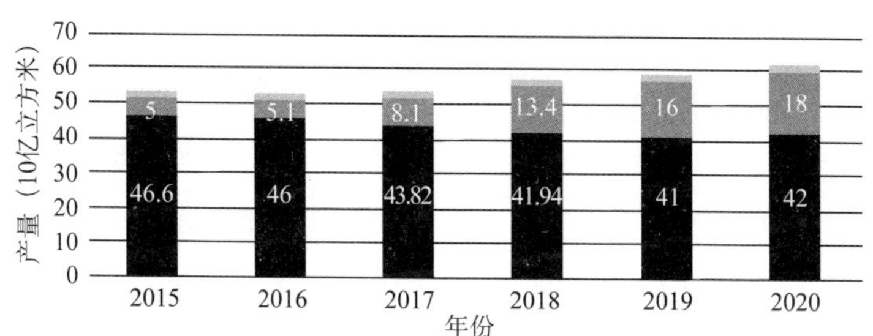

图4-24　各公司天然气产量

资料来源：牛津能源研究所

2020年2月，乌兹别克斯坦能源部长宣布，该国计划到2030年要将油气产量分别提高20%和80%。如果增长以2019年的水平为基础的话，这将是一个重大飞跃（特别是在最近停滞的背景下）。乌兹别克斯坦天然气年产量将增长到675亿立方米，因此需要大量投资。

与土库曼斯坦和哈萨克斯坦相比，乌兹别克斯坦的能源出口有限。2019年，该国没有大量出口石油。事实上，乌兹别克斯坦是一个天然气净进口国，天然气出口不到其邻国的一半。然而，天然气出口对乌兹别克斯坦的经济有着重要意义。据有关研究组织估计，2018年天然气出口占乌兹别克斯坦出口创收的23%。乌兹别克斯坦向中国、俄罗斯和中亚其他国家出口大量油气，这使其成为当年全球第 25 大油气出口国。

乌兹别克斯坦天然气产量数据显示，出口量低的原因不是供应不足，实际上是国内消费强劲的结果，乌兹别克斯坦国内消耗了其天然气总产量的 87%。有人认为，随着乌兹别克斯坦加快向可再生能源过渡，消费对天然气的依赖可能会减少。但政府表示，这不会导致天然气出口激增。从长远来看，乌兹别克斯坦计划将天然气出口减少到几乎为零，将重点转向国内天然气加工。

乌兹别克斯坦对天然气加工领域的涉足可以追溯到 21 世纪初。这些早期计划因全球金融危机而中断，但最近由于对乌兹别克斯坦投资大幅度增加，项目得以恢复。截至 21 世纪 20 年代中期，乌兹别克斯坦正在开发的最大项目是乌兹别克斯坦天然气合成油厂（Oltin Yo’l）的天然气液化项目，其计划年输气量为 36 亿立方米。

虽然该项目完全由乌兹别克斯坦国家石油公司所有，但它已经从韩国、日本、俄罗斯和中国的贷款机构（中国国家开发银行）获得了融资。乌兹别克斯坦天然气合成油厂是目前中亚地区最大的投资项目。

一些相对小型的项目也正在进行当中。例如，2017 年启动的舒尔坦（Shurtan）天然气化工综合体扩建项目预计将聚乙烯产量从每年的 12.5 万吨增加到 20 万吨，聚丙烯年产量增加到 10 万吨。

最近几年，乌兹别克斯坦烯烃产能不断提升，这已然成为乌兹别克斯坦经济发展的支撑。例如，2016 年，乌兹别克斯坦国家石油公司和一个韩国财团各占 50% 的合资企业乌斯秋尔特（Ustyurt）综合体落成。这个价值 39 亿美元的设施由韩国财团运营的苏尔吉尔（Surgil）油田和乌兹别克斯坦国家石油公司的东部和北部别尔达赫（Berdakh）油田提供，预计每年将生产 38.7 万吨聚乙烯和其他产品。

目前，乌兹别克斯坦油气主要来自布哈拉和希瓦之间的区域，这里蕴含乌兹别克斯坦 60% 的已探明油气田。在乌斯秋尔特和属于乌兹别克斯坦部分的咸海还有其他油田。

与中国的能源合作

乌兹别克斯坦由国家主导的能源行业长期以来一直难以吸引全球石油巨头的大规模投资。不过，最近的改革浪潮开始吸引更多的投资者。在 2019 年接受英国《金融时报》采访时，时任乌兹别克斯坦国家石油公司董事长指出，该公司目前正与英国石油、阿塞拜疆国家石油公司和法国道达尔公司就上游合作进行谈判。

中国是乌兹别克斯坦能源的重要投资者之一。迄今为止，中国石油一直牵头中国在乌兹别克斯坦能源业务，自 2006 年在塔什干设立办事处并与乌兹别克斯坦国家石油公司签署石油和天然气勘探协议以来，该公司一直积极参与勘探和开发活动，其中大部分集中在按 2006 年协议分配给中国石油的 5 个陆上勘探区块，位于三个大型含油气的盆地，即乌斯秋尔特、阿姆河和费尔干纳。

2017 年，中国石油和乌兹别克斯坦国家石油公司之间的合资企业——新丝绸之路天然气（NSROG）公司，在乌兹别克斯坦布哈拉地区的 Khojasayat 凝析油田开发新项目。该气田是 2006 年签约的项目，年产约 8.7 亿立方米天然气和 6400 吨凝析油。该气田是卡拉库尔区块的一部分，还包括另外两个正在开发中的油田。中国石油在该气田投产时就表示，其生产的天然气将通过中亚—中国管道出口中国。

中国石油此前参与了一个财团勘探咸海乌斯秋尔特盆地（Ustyurt）的项目。该财团还包括乌兹别克斯坦石油公司、卢克石油公司、马来西亚国家石油公司和韩国国家石油公司（KNOC）。该项目的两口钻井在 2012 年产量颇高，但这一势头未能得以保持，于 2017 年正式清算。

中国石油一个更成功的项目是 2008 年与乌兹别克斯坦国家石油公司合资开发明布拉克油田的协议。尽管储量深度（6000 米）以及油藏高压力和高温度使该项目异常复杂，但还是于 2019 年 5 月生产了第一批测试油。据估计，这个发现于 1992 年的油田日产量可达 40000 桶。

尽管中乌能源合作此前主要集中在油气领域，但随着乌兹别克斯坦寻求建设自己的可再生能源开发能力，中国在该领域的专业能力正在为相关合作开辟新的契机。2019 年，两国宣布了两项重大合作项目。2019 年 4 月，乌证实将在 2020 年前建造两座新的水力发电厂，由中国商务部提供贷款；2019 年 9 月，中国电力公司辽宁立德集团宣布，计划投资约 18 亿美元在布哈拉地区新建一个 1.5 千兆瓦的风力发电项目。

能源贸易

中亚—中国管道的开通为天然气出口铺平了道路。目前，乌兹别克斯坦向中国出口的唯一能源是天然气。乌兹别克斯坦天然气出口始于 2012 年，当时乌兹别克斯坦成为第二个向中国供应天然气的中亚国家（图 4-25）。尽管供应在初始阶段受到严重限制，但 2014 年竣工的 C 线进一步增加了中国自乌兹别克斯坦进口占比。据报道，来自乌兹别克斯坦天然气为每年 100 亿立方米。

中亚—中国天然气管道乌兹别克斯坦段的建设始于 2008 年，由中乌天然气管道合资公司（ATG）负责实施。2011 年，中国石油和乌兹别克斯坦国家石油公司就 C 线的建设和运营达成一致，并保持合作关系。尽管 D 线的计划目前被搁置，但双方仍就进一步扩建管道达成了合作协议。

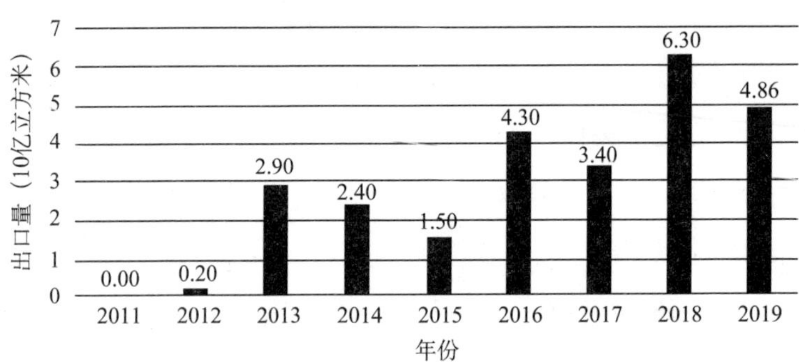

图 4–25　乌兹别克斯坦对中国天然气出口情况

资料来源：《BP 世界能源统计年鉴》

2019 年，乌兹别克斯坦天然气出口总量为 135 亿立方米，同比下降 9.4%，这在意料之中。乌兹别克斯坦曾表示打算削减天然气出口，转而在当地生产成品。据预测，21 世纪 20 年代，对华出口可能保持在每年 100 亿立方米。但正如一些政府官员所暗示的那样，乌兹别克斯坦可能在 2025 年前停止出口天然气。

“新冠肺炎”疫情严重冲击了对华贸易。2020 年，乌兹别克斯坦出口受到牵连。总统办公室确认，对华出口减少了三分之一，而此时中国进口出现负增长，但该机构没有提供天然气进口数据。2020 年前两个月，中国自乌兹别克斯坦进口下降了 35.4%，其中大部分是天然气。这种趋势一直持续到 3 月和 4 月。随着中国买家逐渐弃用天然气管道，乌兹别克斯坦将出口作为收入来源似乎越来越行不通。

出口需求下降严重冲击了乌兹别克斯坦出口导向型生产商。例如，卢克石油公司表示，由于中国需求下降，该国天然气产量可能在 2020 年减半，仅有 70 亿立方米。根据土库曼斯坦国家统计委员会的数据，需求减少以及“新冠肺炎”疫情造成的供应中断严重冲击其天然气产量。2020 年上半年，土库曼斯坦天然气产量同比下降 17.1%，只有 250 亿立方米。

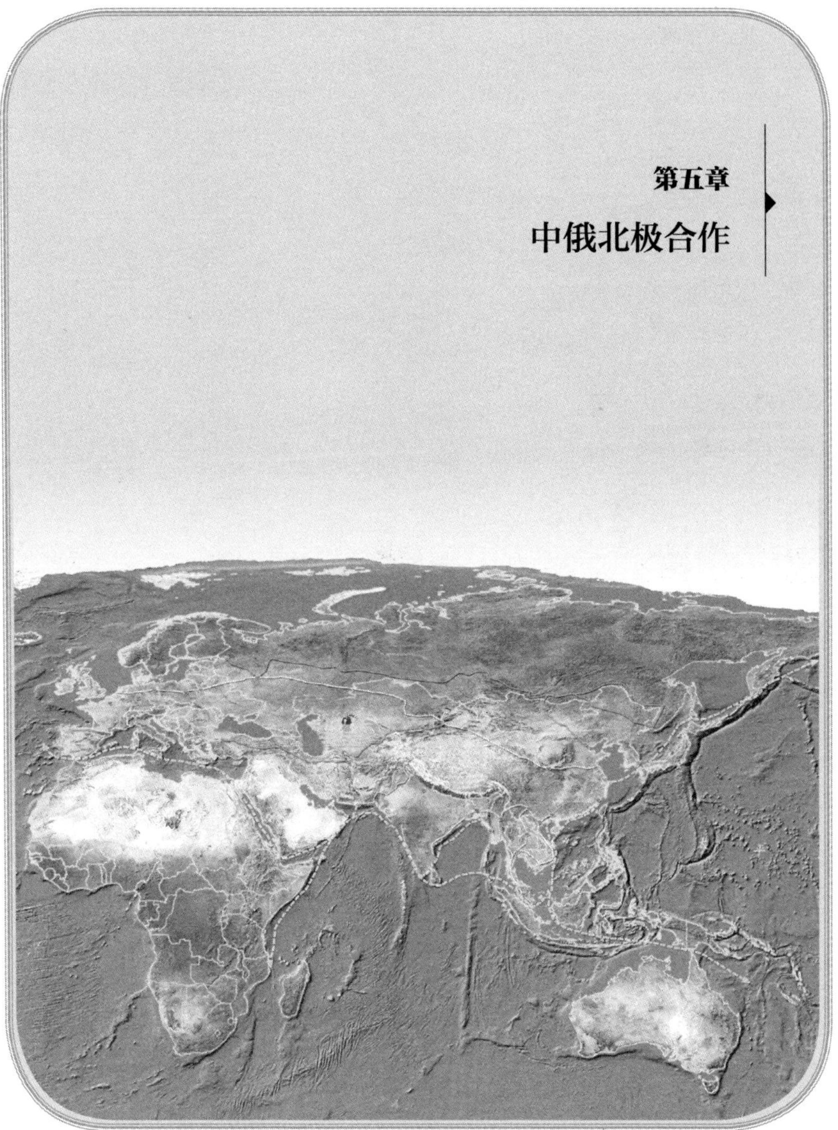

第五章 中俄北极合作

北极圈的总面积与非洲大陆的面积大致相等，约占地球表面积的 6%。它拥有地球上大约 22% 的油气资源，相当于大约 2400 亿桶石油和石油当量的天然气。该地区的大部分区域几乎未经勘探，且很多潜在资源位于俄罗斯专属经济区。

北极地区的勘探和生产活动从技术层面上来看颇具挑战且成本高昂。因此，俄罗斯与其主要能源伙伴中国在未来合作开发这些资源是合情合理之举。中国石油和一些大型投资基金已经在该地区投入巨资，例如亚马尔液化天然气项目，并打算未来继续增资。中国投资者还大力投资交通基础设施，即破冰液化天然气运输船，以及在中国港口投资液化天然气接收站用来接收油轮。

北极地区拥有已知的多种丰富资源，非常具有战略意义。但是，根据美国地质调查局的分析，大多已探明的油气储藏都存在于北极圈国家划定的专属经济区（EEZ）内。这意味着中国会受到国际法的约束。为获得这些资源，中国必须与一个北极圈国家合作。

俄罗斯显然是中国的合作伙伴。一部分原因是俄罗斯控制着北极最大的区域，以及最大比重的已知资源。这些资源位于俄罗斯专属经济区——根据国际法，使用权和开采权均属于俄罗斯。

中国曾申请成为北极观察员国，但被由北极圈国家成立的北极理事会搁置数年。俄罗斯和加拿大对北极的国际化都保持警惕。2013 年，中国在新的有关细则下成为正式北极观察员国。观察员国必须“承认北极国家的主权”和适用于北冰洋的“广泛的法律框架”，包括《国际海洋法》。中国政府已签署一项国际协议，需要中国政府承认北极国家的主权，包括划定的海域。

中国坚持要根据《国际海洋法》管理北极航线，但其最近的政策声明却遭俄罗斯诟病。俄罗斯根据《国际海洋法》中的第 234 条规则所赋予沿海国家在管辖范围内管理冰覆盖地区的特权。但是气候变化使冰层逐渐融化，冰层覆盖因此逐渐减少，人们担心中国可能会反对俄罗斯援引第 234 条条款，并寻求在位于国际水域内的北海航线中自由通行。但目前来看，两国对此并无争议。

正式成为中国“一带一路”倡议的一部分

2017 年亚马尔液化天然气项目的启动标志着中国开始进军北极。该项目是中国在北极地区的首个“一带一路”重大投资，之后中国发布了一系列有关北极战略的声明和公告。2017 年 6 月，北极海上航线被纳入“一带一路”倡议。2018年1月，中国发布了北极政策，这标志着中国对北极国家主权权利的承认，但也表明了中国对该地区显而易见的兴趣，因为该地区是能源的来源，也是应对气候变化的关键地区。

亚马尔液化天然气项目的启动以及中国在2017—2018年扩大的北极行动，预示俄中在该地区将不断加强合作。2017年7月，习近平主席会见了俄罗斯时任总理德米特里·梅德维杰夫，并呼吁两国就“冰上丝绸之路”进行合作。在2017年12月的年度新闻发布会上，俄罗斯总统弗拉基米尔·普京正式邀请中国参与北极运输走廊建设，这是俄罗斯政府鼓励中国投资的信号。

资源富集

美国地质调查局（USGS）提供的数据显示，北极圈内现有的油田包含约2400亿桶已探明的石油和石油当量的天然气。未发现资源量的计算目前没有考虑经济或其他因素，例如钻井的便利性或经济可行性，因此，估计北极大约蕴藏：

（1）900亿桶未发现石油，占世界未发现石油总量的16%；

（2）17万亿立方英尺的未发现天然气，相当于世界总量的30%；

（3）440亿桶液化天然气，相当于世界总量的26%。

美国地质调查局估计，大约 84% 的未发现资源贮存于海洋。

北极未发现油气的主要地区如表 5-1 所示。

表 5-1　北极未发现油气的主要地区

石油储量所在	原油（10 亿桶）	天然气液体（10 亿桶）	天然气液体（万亿立方英尺）	总量（10 亿桶石油当量）
西伯利亚盆地	3.66	651.50	20.33	132.57
北极阿拉斯加	29.96	221.40	5.90	72.77
东巴伦支盆地	7.41	317.56	1.42	61.76
东格陵兰裂谷盆地	8.90	86.18	8.12	31.39
叶尼塞河—哈坦加盆地	5.58	99.96	2.68	24.92
美亚海盆	9.72	56.89	0.54	19.75
西格陵兰—东加拿大	7.27	51.82	1.15	17.06

注：北极地区是指七个最大的北极盆地中未发现的但是在技术上可开采的常规石油和天然气资源。这七个盆地约占 3600 亿桶油当量，超过北极地区未发现资源总量的 87%。

资料来源：美国地质调查局

美国地质调查局还估计，87% 的资源位于 7 个北极盆地，其中 3 个盆地（西西伯利亚盆地、东巴伦支盆地和叶尼塞—哈坦加盆地）位于俄罗斯境内。

中国对亚马尔液化天然气的兴趣

中国投资者在诺瓦泰克的亚马尔液化天然气项目和该公司的第二个大型液化天然气项目“北极-2”中持股。预计中国投资者将成为该公司其他液化天然气项目的重要投资者（注：这些是正确的名称——“北极-1”“北极-2”和“北极-3”液化天然气，而亚马尔液化天然气是独立项目）。

根据俄罗斯战略产业法（2008年4月），外国投资者不得收购超过49.9%所谓的战略公司或战略资产。对于大多数地下资产和那些经营这些资产的人来说，投资最高限额将减少到24.9%。这意味着中国投资者和所有其他外国投资者的投资总额要在此最高限额以内。

诺瓦泰克是亚马尔液化天然气项目的运营商，也将是未来北极液化天然气项目的运营商。它没有俄罗斯国有股权参与，是一家独立公司，同时在莫斯科和伦敦证券交易所（NVTK LI）上市。该公司预计，到2030年，亚马尔和吉丹半岛液化天然气项目的年产量将达到7000万吨。

亚马尔液化天然气公司

亚马尔液化天然气公司位于亚马尔半岛东北部的萨贝塔，距北极圈约 600 公里，接入液化天然气厂的气田是南塔姆贝夫斯科夫（Yuzhno-Tambevskove）。该气田于 1974 年发现，预估储量为 9070 亿立方米，相当于 4.85 亿桶石油。诺瓦泰克于 2005 年获得了开发气田的许可权，该气田液化天然气工厂和设施建设始于 2013 年。

亚马尔液化天然气项目总成本约为 270 亿美元。年液化能力为 1750 万吨。该项目已经或正在根据生产线在如下时段开展产能建设：

（1）1 号生产线，550 万吨 / 年，2017 年 12 月启动。

（2）2 号生产线，550 万吨 / 年，2018 年 8 月启动。

（3）3 号生产线，550 万吨 / 年，2018 年 11 月启动。

（4）4 号生产线，100 万吨 / 年，计划 2020 年末启动。

股东包括：

（1）俄罗斯诺瓦泰克公司，占 50.1%。

（2）法国道达尔公司，占 20%。

（3）中国石油，占 20%。

（4）丝路基金（中国），占 9.9%。

“北极 -2”液化天然气项目

该项目总成本约为 213 亿美元，年液化能力为 1980 万吨。

（1）1 号生产线，660 万吨 / 年，2023 年启动。

（2）2 号生产线，660 万吨 / 年，2024 年启动。

（3）3 号生产线，660 万吨 / 年，计划 2026 年启动。

股东包括：

（1）俄罗斯诺瓦泰克公司，占 60%。

（2）法国道达尔公司，占 10%。

（3）中国石油，占 10%。

（4）中国海油，占 10%。

（5）日本三井物产（Mitsui）和国有石油天然气与金属总公司（JOGMEC）组成的日本北极液化天然气财团，占 10%。

鄂毕湾液化天然气项目

鄂毕湾液化天然气项目由诺瓦泰克公司负责。其股东尚未公布，但据推测，现有亚马尔液化天然气项目的股东也可能参与其中。

鄂毕湾液化天然气的年液化能力为 500 万吨，其资源基地是 Verkhnetiuteiskoye 气田和 Zapadno-Seyakhinskoye 气田。这两个气田总储量为 1570 亿立方米。诺瓦泰克公司打算在亚马尔 -1 液化天然气项目现场附近建造两条年运力 250 万吨的生产线，因为这样能靠近现有的运输基础设施。

北海航线

俄罗斯已将开通北海航线确定为重点战略。俄罗斯在全球能源贸易中扮演的角色愈发重要，并努力使其能源出口多元化，这也促使俄罗斯更加关注北极开发。除了为本地区能源项目提供有利的条件和援助之外，俄罗斯正努力为海上交通建立必要的配套基础设施。该条线路的开发计划被纳入俄罗斯国家基础设施现代化和扩建项目中，预算为 7349 亿卢布。

2020 年 1 月至 4 月期间，北海航线的货物运输量达到 1005 万吨，同比增长 4.5%，这表明北极已成为俄罗斯经济增长最快的地区之一。事实上，2014—2019 年，仅货物周转量在该航道就增长了 8 倍（图 5-1）。

到 2035 年，液化天然气预计将占该航道货物运输量的 80%。该航道运输对标北极和远东发展的大趋势，也以自然资源为主。该航道运输的自然资源主要是液化天然气，预计到 2035 年该航道的运输量为 1.2 亿吨，其中液化天然气占 80%。因此，这条航道的发展主要取决于液化天然气行业的发展前景。

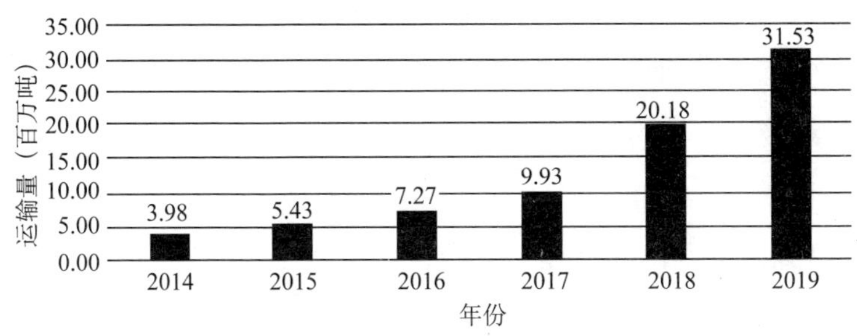

图 5–1　北海航线货物周转

资料来源：俄罗斯联邦海河运输署

中国对液化天然气油轮的投资

在开发北极的过程中，俄罗斯已经明确表示它打算控制沿线航运。俄罗斯国家原子能公司（Rosatom）已被选为北海航道的主要基础设施运营商，并宣布计划利用这一控制权成为海运业务的全球领导者。中国在地区航运活动中扮演了重要角色。中国领先的航运公司中国远洋海运集团有限公司（COSCO）的船只早在2013 年就开始利用北海航道。到目前为止，超过 30 批货物经由此航线运输。

为确保亚马尔液化天然气公司的产品可以全年输出，诺瓦泰克公司已经签约建造 15 艘破冰（Arc7）液化天然气船（目前都在运营状态）。这些油轮可以在无辅助设备的帮助下突破厚达 2.1 米的冰层。这 15 艘船只，有 14 艘出售给涉及中国公司的财团。

中国液化天然气运输（控股）（China LNG Shipping）公司已经购买了与其他公司合资建造的油轮，中国海运（集团）公司与日本三井 OSK 航运公司（MOL）建立起了合作伙伴关系。中国外运海运和中国液化天然气运输（控股）公司则与希腊船东 Dynagas 公司建立合作伙伴关系。

俄罗斯国家原子能公司运营着世界上最强大的俄罗斯“胜利 50 周年”（50 Let Pobedy）号核动力破冰船。它可以突破厚达 2.8 米的冰层。该公司已委托建造了三艘新的核动力破冰船，以确保北海航道的通航，替换老化船队。这三艘——阿克提卡号、乌拉尔号和西伯利亚号——由圣彼得堡造船厂建造。

中国大力投资进口产能

中国交通运输部希望将目前的液化天然气进口量增加 4 倍。2019 年，中国 19 个液化天然气进口码头（总容量为 2.86 万亿立方英尺）接收了 6750 万吨的液化天然气。按当前政策，到 2035 年，中国的液化天然气进口量将增至 2.47 亿吨，并新建 15 座接收站，可以接收 11 万亿立方英尺的天然气。

增加进口终端能力的工作已经开始：一个是位于中国东北的

天津港液化天然气公共终端。据报道，开发商天津宏发投资集团已向该项目投资约 200 亿元人民币（30 亿美元），该项目建设将分三期。该码头位于天津港深水航道北侧，将于 2025 年完工，届时将具备 1000 万吨 / 年的接收能力。一期工程于 2021 年完工，随即启用，接收能力为 280 万吨 / 年，2023 年底竣工的二期工程将增加 320 万吨的接收力，并于 2025 年再增加 400 万吨吞吐力。其中建设的两个液化天然气码头，每个码头可停泊三艘体积 27 万立方米的液化天然气船，以及载重吨位为 3000 的普通货船的额外泊位。液化天然气终端将有 10 个容量在 16 万至 20 万立方米之间的液化天然气储罐、液化天然气卸载设施和气化设施，接收站将于 2025 年建成。

二是在天津以南约 1500 公里处的温州，中国石油化工股份有限公司（简称中国石化）与浙江省能源集团有限公司（简称浙能集团）合作建设液化天然气终端，该项目包括四个 20 万立方米的储罐、一个停泊容量在 26.6 ~ 30 万立方米之间的液化天然气运输船码头以及一条 26 公里长的管道。项目一期于 2021 年底开工。

液化天然气进口终端的建设由浙江浙能温州液化天然气有限公司负责实施。这是一家新成立的公司，由浙能集团（51%）、中国石化（41%）和少数股东（8%）合资成立。

中国石化位于中国北方的青岛液化天然气终端于 2019 年 1

月 31 日迎来了"中能温州"轮（CESI WENZHOU），这是接收站卸载的第 200 艘船舶，具有里程碑意义。自 2014 年 11 月启用以来，青岛液化天然气终端已经接收了 1420 万吨液化天然气。

中国除了在北海不断开展更多航运活动之外，还积极探索投资北海航道沿线多个港口项目。在远东，招商局集团与俄罗斯苏玛集团签署了关于开发扎鲁比诺港口的一项框架协议。该计划原定于 2018 年完成，目前看来要有所推迟，讨论仍在进行之中。同样，中国企业也在就阿尔汉格尔斯克深水港的开发进行谈判，中国保利集团和中远集团对该项目有兴趣。

其他北极合作项目

中国公司参与亚马尔项目之后获得了该项目的许多合同。例如，中国海洋石油工程有限公司负责建造了液化天然气的模块（耗资 16 亿美元），而中国远洋海运集团有限公司获得了为亚马尔工厂建设提供大量预制模块的合同。制裁限制了西方公司的活动，所以中国在北极地区的作用在未来可能会加强。

2019 年 6 月，中国在北极做出了意义最深远的行动之一。当时中国化学工程集团和俄罗斯公司 Neftegazholding 签署了一项开发帕亚哈（Payakha）油田的协议。目前，该油田的总设计年产能为 2600 万吨。

其他为了向中国国内输气而开展的合作领域，包括中国承包商在摩尔曼斯克的液化天然气建设中心开展的合作、在摩尔曼斯克和堪察加的转运设施中的合作可能性，以及诺瓦泰克、俄罗斯天然气工业银行（GazpromBank）和中国石化宣布成立的合资企业等等。